실무에서 꼭 필요한 내용을
이론에서 사례까지

부동산 양도소득세

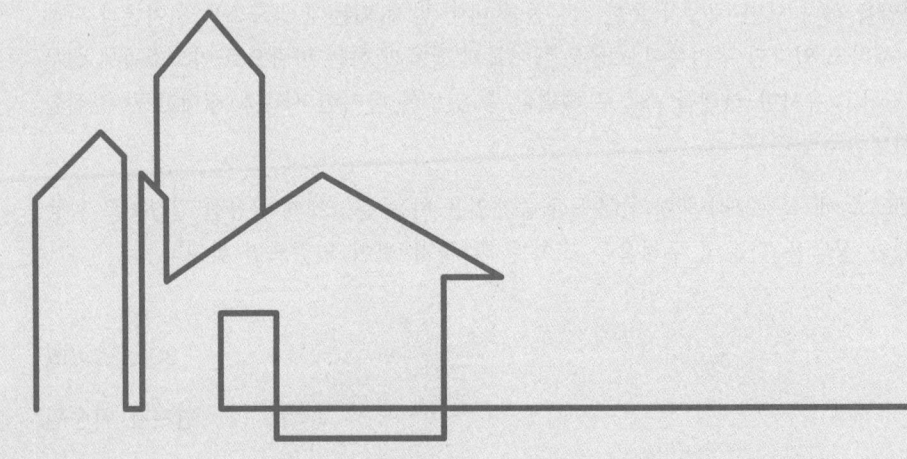

머리말

부동산 실무의 현업에서 종사하고 계시는 분들과 이제 부동산 중개업을 준비하는 분들의 고민이 세법인 듯합니다. 부동산 실무를 현장에서 경험하는 분들의 상담 대부분이 세금과 관련된 질문인데 너무나 방대하여 부동산 관련 세법을 정확하게 상담하는 것은 매우 어렵다고 합니다. 이를 위해 현장에서 접할 수 있는 양도소득세 이론과 사례를 중심으로 양도소득세 사례집을 출간하게 되었습니다.

이 교재의 특징은 다음과 같습니다.

1. 부동산 실무를 양도소득세 사례 위주로 정리하였습니다. 실무에서 많이 접하는 양도소득세 이론과 상담사례를 케이스별로 제시하고 최근 개정법령을 반영한 답변을 정확하게 달아 유사한 상담에 대처할 수 있도록 많은 사례를 제시하고자 노력하였습니다.

2. 부동산 실무를 현장에서 직접 수행하시는 분들의 의견을 최대한 반영하여 수험생활 중 접하지 못했던 양도소득세의 실무적인 이론과 사례를 실무자적 관점에서 제시하고 정확한 답변을 할 수 있는 방향을 제시하였습니다.

3. 부동산 관련업에 종사하시는 분들의 입장에서 도움이 되는 부동산 실무 지침서가 절실히 필요할 것이라 판단하여 많은 공인중개사분들에게 꼭 필요한 책이 될 수 있도록 양도소득세 이론과 사례를 적절히 혼합하여 실무에 바로 적용할 수 있도록 간략하면서도 심도 있게 쓰고자 노력하였습니다.

4. 부동산 중개업을 하다 보면 예상치 못한 질문들을 많이 받게 되는데 양도소득세 이론과 사례를 정확히 이해하고 있다면 두려움이 조금은 줄어들지 않을까 하는 바람으로 양도소득세 실무사례집을 집필하고 유사한 사례를 스스로 해결할 수 있도록 유사한 사례를 최대한 많이 접할 수 있도록 하였습니다.

아무쪼록 이 양도소득세 실무사례 책자가 부동산 중개업을 하는 분들에게 유용한 길잡이로 활용되고, 세금에 대한 상담을 하는데 두려움을 떨치는 한 줄기 빛이 되었으면 합니다.

2024년 8월

편저자 이송원

목차

제 1 절
과세대상물 및 양도시기 ... 4

제 2 절
1세대 1주택 비과세

1. 1세대 ... 18
2. 1주택 ... 29
3. 1세대 1주택 특례 ... 50
4. 2년 이상 보유기간 ... 79
5. 겸용주택 ... 100
6. 고가주택(단독주택, 공동주택 판정 기준 동일) ... 102

제 3 절
양도소득세 계산구조

1. 계산절차 ... 105
2. 양도차익계산 ... 106
3. 실지 양도가액 ... 109
4. 실지 취득가액 ... 110
5. 실지 필요경비 ... 118
6. 장기보유특별공제(자산별 공제) ... 129
7. 양도소득기본공제액 ... 137
8. 양도소득 세율 ... 139

제 4 절
납세절차

1. 납세지 ... 153
2. 예정신고납부(예정신고납부세액공제 없음) ... 153
3. 확정신고 ... 156
4. 분할납부 ... 160
5. 전자신고 세액공제 ... 160

제1절 과세대상물 및 양도시기

양도소득 과세대상물은 열거주의를 원칙으로 하기 때문에 「소득세법」상 열거되지 않는 부분에 대하여는 과세를 하지 않는다. 이때 과세대상물의 판정은 사실상 현황에 따라 판단하게 된다.

과세대상 자산	과세대상 제외
① 토지와 건물(시설물과 구축물 포함) ② 부동산에 관한 권리 　㉠ 부동산을 이용할 수 있는 권리 　　ⓐ 지상권 　　ⓑ 전세권 　　ⓒ 등기된 부동산임차권 　㉡ 부동산을 취득할 수 있는 권리 　　ⓐ 아파트당첨권 　　ⓑ 토지상환채권 및 주택상환채권 　　ⓒ 계약금만 지급한 상태에서 양도하는 권리	① 기계장비 ② 지역권 ③ 미등기 부동산임차권 ④ 점포임차권 ⑤ 상표권
③ 기타자산 　㉠ 특정주식 　㉡ 특정시설물이용권(골프회원권 등) 　㉢ 사업에 사용하는 토지·건물 및 부동산에 관한 권리와 함께 양도하는 영업권 　㉣ 토지·건물과 함께 양도하는 「개발제한구역의 지정 및 관리에 관한 특별조치법」에 따른 이축을 할 수 있는 권리	⑥ 영업권을 단독(분리)으로 이전 - 기타소득 ⑦ 이축권 가액을 대통령령으로 정하는 방법에 따라 별도로 평가하여 신고하는 경우 - 기타소득
④ 주식 　㉠ 상장주식 　　ⓐ 대주주가 양도하는 주식 　　ⓑ 유가증권시장 밖에서 양도하는 주식 　㉡ 비상장주식	⑧ 상장주식 중 소액주주가 양도하는 주식
⑤ 신탁의 이익을 받을 권리	-

참고 │ 자산이전으로 발생한 소득의 과세구분

대가 유무	납세의무자	사업 관련성	과세구분
유상이전	양도자	사업성 없음	양도소득세
		사업성 존재	사업소득세
무상이전	수증자	사업성 여부와 무관	증여세

사례 01 손해배상에 의한 양도

Q 손해배상소송을 당한 甲은 법원의 확정판결을 받아 乙에게 1억원의 위자료를 지급하여야 합니다. 甲은 위자료를 자신의 토지로 지급하려고 할 때 세금문제는 어떻게 되나요?

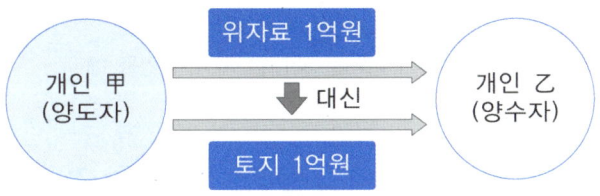

A 손해배상의 경우 당사자 간의 합의에 의하거나 법원의 확정판결에 의해서 위자료를 지급하기로 하고 그 위자료를 대신해 본인 소유의 토지로 대물변제한 경우에는 그 토지를 유상으로 양도한 것으로 간주하여 양도소득세를 과세한다.
즉, 위자료 1억원을 대신하여 1억원 상당의 토지를 이전하는 것은 甲이 乙에게 토지를 매매한 경우와 동일하게 보아 甲에게 양도소득세를 과세하게 된다.

사례 02 사실혼인 경우 위자료 청구

Q 동거 중인데 갑자기 헤어지자는 통보를 받았습니다. 사실혼인 경우에도 위자료를 받을 수 있나요?

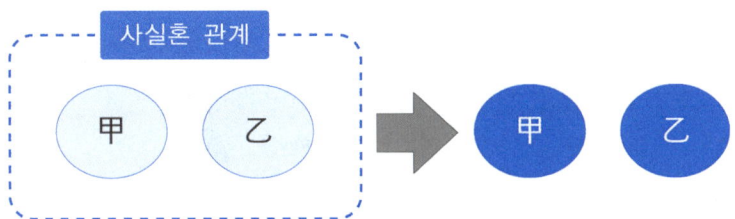

A 위자료를 받을 수 있다. 사실혼은 부부간 합의 또는 부부 어느 한 쪽의 일방적인 파기에 의해 해소될 수 있다. 이때 정당한 사유(「민법」 제840조에 준하는 사유) 없이 일방적으로 사실혼을 파기한 배우자 또는 사실혼 파탄의 원인을 제공한 제3자(예를 들어, 배우자의 부모 등)에게 위자료를 청구할 수 있다.
사실혼인 경우에도 위자료에 관한 합의가 이루어지지 않으면 법원에 위자료 청구 소송을 제기해서 위자료를 받을 수 있다.

> **Tip** 「민법」제840조(재판상 이혼원인)
> 부부의 일방은 다음의 사유가 있는 경우에는 가정법원에 이혼을 청구할 수 있다.
> 1. 배우자에 부정한 행위가 있었을 때
> 2. 배우자가 악의로 다른 일방을 유기한 때
> 3. 배우자 또는 그 직계존속으로부터 심히 부당한 대우를 받았을 때
> 4. 자기의 직계존속이 배우자로부터 심히 부당한 대우를 받았을 때
> 5. 배우자의 생사가 3년 이상 분명하지 아니한 때
> 6. 기타 혼인을 계속하기 어려운 중대한 사유가 있을 때

사례 03 완공된 아파트를 취득시기가 도래하기 전 양도한 경우

Q 아파트가 완공되어 분양회사 명의로 소유권보존 등기된 부동산을 대금을 청산하지 않은 상태에서 양도하는 경우 부동산 양도로 보나요?

A 아파트 분양계약을 체결한 자가 분양계약에 따라 해당 아파트가 완공되어 분양회사 명의로 소유권보존 등기된 부동산을 대금을 청산하지 않은 상태에서 양도하는 경우에는 부동산을 취득할 수 있는 권리의 양도에 해당된다.

사례 04 이주자 택지를 양도하는 경우

Q 공익사업 시행으로 소유 부동산이 수용됨에 따라 수용보상금을 수령하고, 해당 수용보상금과는 별도로 사업시행자로부터 공급받은 이주자 택지를 제3자에게 양도하는 경우 토지양도로 보나요?

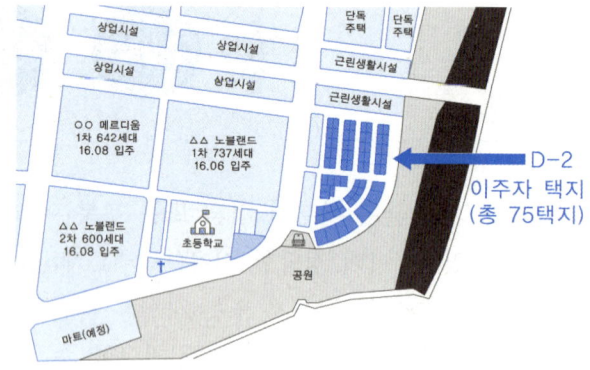

A 공익사업 시행으로 소유 부동산이 수용됨에 따라 수용보상금을 수령하고, 해당 수용보상금과는 별도로 사업시행자로부터 공급받은 이주자 택지를 제3자에게 양도하는 경우에는 부동산을 취득할 수 있는 권리의 양도에 해당된다.

사례 05 건축물로 볼 수 없는 시설물을 양도하는 경우

Q 소유하던 토지 위에 건축허가를 받아 건축물을 시공 중에 건축물로 볼 수 없는 시설물 상태에서 토지와 시공된 시설물을 함께 양도한 경우 건축물의 양도로 볼 수 있나요?

A 소유하던 토지 위에 건축허가를 받아 건축물을 시공 중에 건축물로 볼 수 없는 시설물 상태에서 토지와 시공된 시설물을 함께 양도한 경우 또는 분양받은 단독택지의 부지공사 준공일 이후 잔금을 청산하고 양도하는 경우 해당 자산은 토지의 양도에 해당된다.

사례 06 건설 중인 자산을 양도하는 경우

Q 건설 중인 자산을 양도하는 경우 세금관계는 어떻게 되나요?

A 자기 소유 토지 위에 상가 또는 오피스텔·다세대주택 등을 신축하여 분양할 목적으로 사업자등록을 한 자가 건축 중인 건물과 토지를 타인에게 양도함으로써 발생한 소득은 사업소득에 해당하며, 건물의 신축목적이 분양목적 등 사업목적이 아닌 경우에는 양도소득으로 과세한다.

사례 07 이혼 후 재결합하여 소유권이 환원되는 경우

Q 이혼 후 재결합하여 대물변제받은 부동산의 소유권이 환원되는 경우 세금문제는 어떻게 되나요?

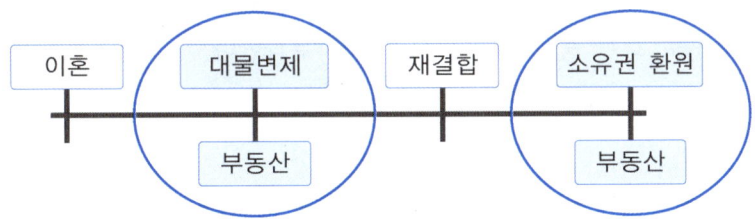

A 이혼합의에 의하여 일정액의 위자료를 지급하기로 하고 동 위자료 지급에 갈음하여 당사자 일방이 소유하고 있던 부동산으로 대물변제한 때에는 그 자산을 양도한 것으로 보아 양도소득세가 과세된다.
이후 이혼 당사자 간의 재혼으로 대물변제 받은 부동산의 소유권이 환원되는 경우에도 그 부동산이 유상으로 이전된 경우에는 양도소득세를 무상으로 이전되는 경우에는 증여세를 부과한다.

사례 08 명의수탁자가 채무담보 설정 후 경매된 경우

Q 명의수탁자가 채무담보 설정 후 경매된 경우에도 양도에 해당하나요?

A 명의수탁자가 명의신탁자(위탁자)의 동의를 받지 아니하고 신탁재산에 대하여 채무담보설정을 한 후에 채무변제 불이행으로 인하여 그 자산이 경매되는 경우에는 실지소유자인 명의신탁자(위탁자)가 자산을 양도한 것으로 보아 양도소득세 과세대상이 된다.

사례 09 부담부증여시 채무액이 증여가액을 초과하는 경우

Q 부담부증여시 채무액이 증여가액을 초과하는 경우에도 전액을 양도소득세 대상으로 하나요?

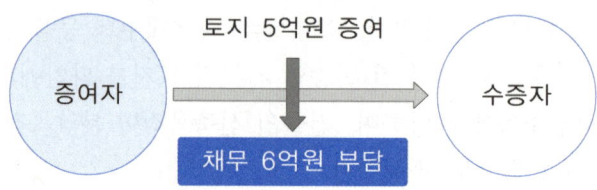

A 증여자가 수증자에게 부동산(5억원)을 증여함에 있어서 해당 부동산의 가액을 초과하는 증여자의 채무(6억원)를 수증자가 인수한 경우 이는 부담부증여로서 해당 부동산은 양도소득세 과세대상이 되는 것이다.

수증자가 인수한 채무액(6억원)에서 해당 부동산의 가액을 차감한 금액(1억원)에 대하여, 즉 증여가액을 초과하는 금액(1억원)에 대해서는 수증자가 증여자에게 증여한 것으로 보아 증여자에게 증여세를 부과한다.

사례 10 사기행위 등으로 소유권이전 말소등기한 경우

Q 사기행위 등으로 소유권이전 말소등기한 경우에도 양도소득세가 과세되나요?

A 매매원인 무효인 소에 의하여 그 매매사실이 원인무효로 판시되어 소유권이 환원되는 경우에는 양도로 보지 아니한다.

매매원인 무효의 소는 제기하지 아니하였으나 어느 일방의 사기 행위 등 당초 매매계약 내용에 명백한 하자로 인하여 매매원인이 무효가 될 만한 사유가 발생되어 매매계약이 해제되었음이 형사사건 판결 내용 등에 의하여 확인되고 당초 부동산의 소유권이전 등기의 말소등기가 경료(정해진 절차를 거쳐서 마친다)되는 경우에는 당초 부동산 양도신고 여부에 불구하고 자산의 양도로 보지 아니한다.

사례 11 이혼 후 재산분할 시 현금으로 받고 이전하는 경우 양도 여부

Q 이혼에 따른 재산분할을 함에 있어, 법원이 판결로써 배우자와 공유 중인 부동산의 '분할지분' 상당액을 현금으로 청산받는 경우 양도에 해당하는지요?

A 이혼으로 인하여 혼인 중에 형성된 부부공동재산을 「민법」제839조의2에 따른 재산분할청구로 인하여 부동산의 소유권이 이전된 경우에는 이를 양도 및 증여로 보지 아니하여 양도소득세 및 증여세가 과세되지 아니하는 것이며, 공동으로 소유한 부동산이 분할대상인 부부공동 재산에 해당하여 법원의 판결에 따라 재산분할한 결과 본인의 부동산 지분을 현물 대신 현금으로 지급받고 본인 명의 부동산을 상대방의 명의로 이전하는 경우「민법」상 재산분할로 보아 양도소득세가 과세되지 아니하는 것이다.

재산분할에 있어서 현물분할 뿐만 아니라 현물분할과 금전지급에 의한 분할방법을 혼용한 재산분할의 경우에도 양도소득세 과세대상에서 제외된다(대법원 2012두10901, 2012.9.13.).

사례 12 상속회복청구권 행사

Q 상속회복청구권 행사에 따라 상속재산을 반환받으면서 원물 대신 현금으로 받은 경우 양도소득세 과세문제가 발생하나요?

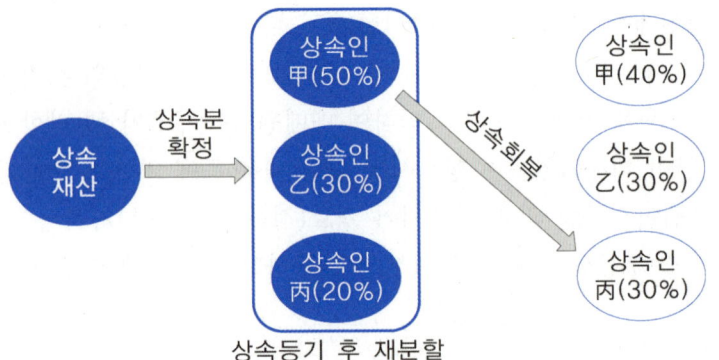

상속등기 후 재분할

A 상속회복청구권(상속권 침해를 안 날부터 3년, 침해행위가 있은 날부터 10년 이내) 행사에 따라 상속재산을 반환받으면서 원물 대신 현금으로 받은 경우 이는 자산이 유상으로 사실상 이전된 것으로 매매에 해당하여 양도소득세가 과세된다.

사례 13 재건축 조합원이 입주권 취득을 포기한 경우

Q 재건축 조합원이 입주권 취득을 포기하고 현금으로 받은 경우 과세문제가 발생하나요?

A 재건축조합의 조합원이 조합에 토지와 건물을 제공한 후 입주권의 취득을 포기하고 재개발조합으로부터 현금으로 청산한 경우 권리의 양도가 아닌 부동산의 양도에 해당하여 양도소득세를 과세한다.

사례 14 건축비 대가로 토지를 이전한 경우

Q 연립주택의 소유자들과 건축업자가 기존 주택을 멸실하고 그 지상에 새로운 주택을 신축함에 있어 연립주택 소유자들이 건축업자에게 건축비에 대한 대가로 토지의 일부를 이전한 경우 양도소득세 과세문제가 발생하나요?

A 연립주택의 소유자들과 건축업자가 기존 주택을 멸실하고 그 지상에 새로운 주택을 신축함에 있어 연립주택 소유자들이 건축업자에게 건축비에 대한 대가로 토지의 일부를 이전하고 건축업자는 아파트를 신축하여 연립주택 소유자들에게 각각 1세대씩 배정하고 잔여세대를 분양하는 경우 연립주택 소유자들이 건축비의 대가로 건축업자에게 이전한 토지는 대물변제에 해당하여 양도소득세를 과세한다.

사례 15 토지 위에 설치된 지장물 보상금

Q 토지가 수용되는 과정에서 토지 위에 설치된 지장물의 보상금을 수령한 경우 지장물에 대한 보상금은 양도소득세 과세대상에 해당하는지요?

A 토지의 수용으로 인하여 토지 소유자가 사업시행자로부터 수령하는 토지 및 토지 위에 설치되어 있는 지장물의 대가는「소득세법」제94조 제1항 제1호에 따른 토지의 양도대가에 해당하는 것이다.

임목이 식재되어 있는 임야 양도시 임목이 그 구성부분으로 함께 양도된 경우에는 매매대금 전부를 임야의 양도로 발생한 소득으로 보아 양도소득세를 과세하도록 판결한바(대법원 2012두12402, 2013.9.13.) 있어 토지 위에 설치된 시설물 등으로서 건물에 부수된 시설물 또는 구축물에 해당하지 않더라도 양도소득세 과세대상인 토지의 범위에 포함될 수 있는 것이다.

즉, 지적공부상에 등재되어 있는 일반적인 토지뿐만 아니라 토지에 부속되어 일체를 이루는 구성물로서 토지와 함께 하나의 거래단위로 양도되는 경우 양도소득세 과세대상에 해당하는 것이며, 토지의 소유권은 정당한 이익 있는 범위 내에서 토지의 상하에 미치는 것이고, 부동산의 소유자는 그 부동산에 부합한 물건의 소유권을 취득하는 것이므로 지장물 등이 토지 위에 존재하는 경우 토지 소유자의 소유인 것이며, 해당 지장물이 분리되지 아니한 채 토지와 함께 소유권이 이전되고 해당 지장물에 대한 대가를 수령하는 경우 그 대가는 토지의 양도가액에 포함되는 것이 타당하다.

사례 **16** 전세보증금이 증여계약서에 없는 경우

Q 전세보증금이 증여계약서에 없는 경우에도 그 전세보증금을 부담부증여로 인정할 수 있나요?

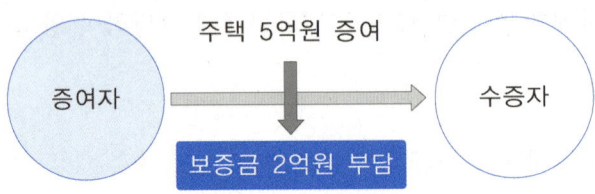

A 증여계약서 및 부담부증여에 대한 조건이 없다고 하더라도 청구인이 전세보증금을 인수하여 부담한 것으로 인정되는 경우에는 부담부증여에 해당하여 전세보증금에 해당하는 부분은 양도소득세를 과세하고 전세보증금에 해당하는 금액을 제외한 가액은 증여로 보아 증여세를 과세한다.

부담부증여에 있어 채무액은 채무자 명의를 기준으로 판단하는 것이 아니라 실질적인 채무 부담자를 기준으로 판단한다. 증여계약서상 부담부증여에 관한 특약 사항을 약정하고 채무자 명의를 수증자로 변경을 하였다 하더라도 증여일 이후에 증여자가 계속하여 이자를 지급하는 경우에는 사실상 수증자가 채무를 인수한 것으로 볼 수 없으므로 부담부증여로 인정할 수 없다.

그러나 증여자가 증여 부동산을 담보로 제3자 명의로 대출을 받았으나 증여자가 사실상의 채무자로 확인되는 경우에는 채무자 명의에 관계없이 사실상의 채무자이기 때문에 수증자가 인수한 채무는 부담부증여에 해당된다. 이와 반면에 증여자 명의로 대출을 받았으나 사실상 채무자가 증여자가 아닌 제3자인 경우 설혹 채무를 인수하였다고 하더라도 부담부증여로 보지 않는다.

사례 **17** 공인중개사가 매매대금 일부를 횡령한 경우

Q 공인중개사가 매매대금 일부를 횡령한 경우에도 양도로 보나요?

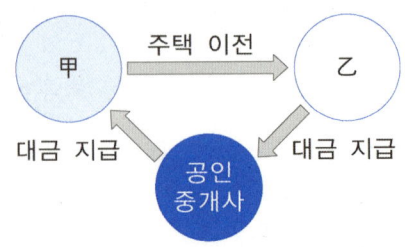

[A] 공인중개사가 매매대금의 일부를 횡령한 경우 양도인에게 잔금이 지급되었다고 볼 수 없다. 자산의 대금이 사회통념상 전부 지급되었다고 볼 만한 사정이 있는 경우에만 자산이 양도된 것으로 볼 수 있기 때문에 공인중개사가 매매대금 일부를 횡령한 경우에는 아직 잔금을 지급하지 않은 것으로 보아 양도로 보지 않는다.

사례 18 이혼위자료 또는 재산분할로 준 것인지가 불분명한 경우

[Q] 이혼위자료 또는 재산분할로 준 것인지가 불분명한 경우 양도소득세 과세문제는 어떻게 되나요?

[A] 이혼합의서상으로는 부동산을 이혼위자료로 주었는지 또는 재산분할로 준 것인지 여부가 불분명하나 혼인 생활을 하면서 재산 형성에 기여한 점이 인정되어 이혼과정에서 재산분할이 전혀 없다고 볼 수 없고, 이혼위자료 또한 전혀 없었다고 볼 수도 없으므로 부동산의 1/2은 재산분할로, 1/2은 이혼위자료로 준 것으로 보아 과세하는 것이 타당하다.

사례 19 혼인 전 취득한 재산의 소유권이전

[Q] 이혼하면서 재산분할 협의가 이루어져 혼인 전에 취득한 재산으로 소유권을 이전하여 주는 경우 양도소득세를 과세하나요?

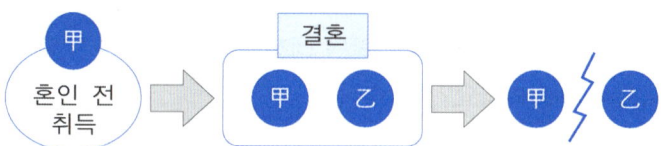

[A] 재산분할청구권의 행사 또는 협의가 이루어져 이혼 합의서에 재산분할청구로 인한 소유권이전임을 확인할 수 있는 경우로 재산분할청구된 공동재산을 대신하여 혼인 전에 취득한 고유재산으로 소유권을 이전하여 주는 경우에는 이를 대물변제에 의한 양도로 보아 양도소득세를 과세한다.
재산분할청구권은 혼인 후 형성된 재산에 대하여만 적용하기 때문에 혼인 전에 취득한 재산의 소유권을 이전하는 경우에는 양도소득세 과세대상이 된다.
부모로부터 상속받은 재산에 대하여는 재산분할청구를 할 수 없으나 재산증식에 대한 직접 기여가 있는 경우라면 재산분할청구가 가능할 수 있다.

사례 20 소유권의 환원

Q 토지를 양도한 후 매매대금을 전액 지급받고 소유권이전등기를 마친 상태에서 상대방의 불가피한 사정으로 매매계약을 취소한 뒤 당초의 소유자 명의로 환원 등기한 경우에는 양도소득세가 과세되나요?

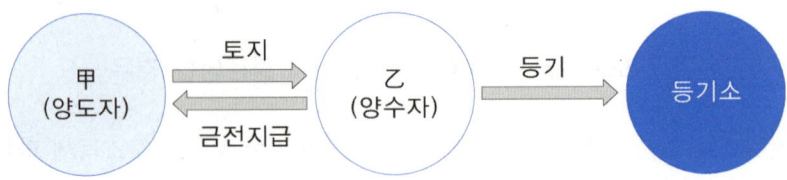

A 토지를 양도한 후 매매대금을 전액 지급받고 소유권이전등기를 마친 상태에서 상대방의 불가피한 사정으로 매매계약을 취소한 뒤 당초의 소유자 명의로 환원 등기한 경우는 계약이 합법적으로 진행된 것이므로 비록 소유권이 당초의 소유자에게 환원되었다 하더라도 최초의 거래를 양도로 보아 양도소득세를 과세한다.
그러나 매매원인 무효판결에 의해 당초 소유자에게 환원되는 경우에는 양도로 보지 않기 때문에 양도소득세를 내지 않아도 된다.

사례 21 도시정비법에 따른 재건축사업 시행 완료로 취득한 건물의 환지 해당 여부

Q 재건축조합의 조합원으로서 「도시 및 주거환경정비법」에 따른 재건축사업으로 인하여 정비사업구역 내에 소재하는 종전의 유치원을 사업시행자인 정비사업조합에 제공하고 관리처분계획에 따라 유치원을 분양받을 예정입니다. 재건축한 유치원을 환지로 보아 양도의 범위에서 제외되나요?

A 정비사업조합이 재건축사업을 시행하는 경우 조합원이 토지·건물을 정비사업조합에 현물출자하고 조합으로부터 관리처분계획에 따라 재건축한 건물을 분양받은 것은 환지로 보아 양도에 해당하지 아니하나, 환지청산금을 교부받은 부분은 양도에 해당한다.

사례 22 입주자 모집공고에 따른 청약이 당첨되어 취득하는 아파트 분양권의 취득시기

Q 입주자 모집공고에 따른 청약이 당첨되어 분양계약한 경우「소득세법」제88조 제10호에 따른 분양권의 취득시기는 언제가 되나요?

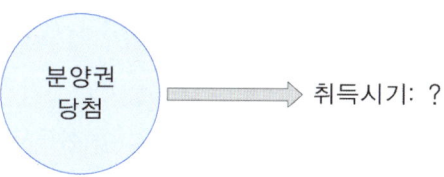

A 입주자 모집공고에 따른 청약이 당첨되어 분양계약한 경우「소득세법」제88조 제10호에 따른 분양권의 취득시기는 분양계약일이 아닌 청약당첨일이다.

사례 23 「주택공급에 관한 규칙」에 따른 선착순 방법으로 취득한 분양권의 취득시기

Q 「주택공급에 관한 규칙」제27조 제5항 또는 제28조 제10항 제1호에 따라 선착순의 방법으로 입주자에 선정된 경우, 해당 분양권의 취득시기는 언제인가요?

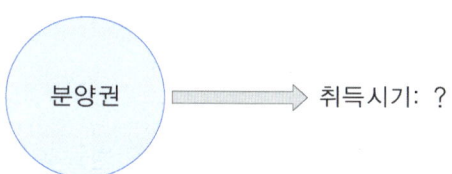

선착순 방법으로 입주자에 선정

A 「주택공급에 관한 규칙」제27조 제5항 또는 제28조 제10항 제1호에 따른 선착순의 방법으로 취득하는「소득세법」제88조 제10호에 의한 분양권의 취득시기는 당해 부동산을 분양받을 수 있는 권리가 확정된 날이다.
선착순의 방법으로 동·호수 등을 지정하고 당일 날 사업주체와 공급계약을 체결한 경우 공급계약을 체결한 날이 취득시기가 되는 것이다.

사례 **24** 지적재조사로 인해 증가된 토지의 취득시기

Q 「지적재조사에 관한 특별법」 제18조에 따른 지적재조사사업에 의한 경계의 확정으로 지적공부상의 면적이 증가되어 징수한 조정금의 경우 지적재조사로 인해 증가된 토지의 취득시기는 언제가 되나요?

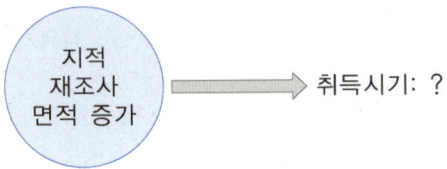

A 「지적재조사에 관한 특별법」 제18조에 따른 지적재조사사업에 의한 경계의 확정으로 지적공부상의 면적이 증가되어 같은 법 제20조에 따라 징수한 조정금은 그 증가된 면적에 해당하는 토지를 2018년 12월 31일 이전에 양도하는 경우에 한정하여 양도소득 계산시 취득가액에 포함하는 것이며, 같은 토지에 대한 장기보유특별공제액 계산에 따른 보유기간은 「지적재조사에 관한 특별법」 제25조에 따른 등기촉탁의 등기접수일과 조정금의 납부 완료일 중 빠른 날부터 기산하는 것이다.

사례 **25** 양도시기 판정

Q 총거래대금은 10억원인데 잔금으로 500만원을 지급받았습니다. 이 경우에도 잔금청산일이 양도시기가 될 수 있나요?

A 매매대금이 사회통념상 대부분 지급되었다고 볼 만한 사정이 있는 경우에는 잔금지급일을 양도시기로 인정한다. 그러나 청구인이 양도소득세를 납부할 자금을 감안하여 양도시기를 조절하거나 양도소득세를 회피할 의도로 형식상 대금의 일부만을 남겨두는 경우에는 잔금을 미리 받았다고 해석되는 경우에는 잔금으로 500만원을 지급받은 날을 인정하지 않을 수 있다.

사례 **26** 양도시기 판정

Q 신축아파트를 분양받았는데 잔금지급일까지 준공검사가 나지 않아서 잔금을 지불한 후 준공검사를 마친 다음에 입주를 했다면 취득시기는 언제인가요?

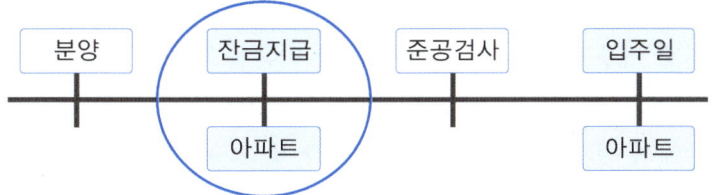

A 취득 및 양도시기는 원칙적으로 잔금청산일인데, 잔금청산일까지도 아파트가 완공되지 않은 경우에는 사용승인서교부일을 취득일로 보는 것이다. 다만, 사용승인서교부일 이전에 미리 입주할 때는 입주일이 취득일이 된다.

사례 **27** 매매계약이 무효된 경우 몰취된 계약금의 수입시기

Q 토지매매계약이 매수자의 계약불이행으로 계약이 무효되고 계약금이 몰취되는 경우 몰취된 계약금의 기타소득 수입시기는 언제인가요?

A 계약이 무효가 됨으로써 기 지급한 계약금이 위약금으로 대체된 사례로, 「소득세법」에 따라 해당 계약금은 계약의 위약 또는 해약으로 인하여 받는 위약금과 배상금에 해당되어 기타소득이며 해당 위약금의 수입시기는 계약의 위약 또는 해약이 확정된 날이므로 해당 계약이 무효가 되는 날이 기타소득의 수입시기가 되는 것이다.

사례 **28** 매매대금 잔금이 공탁된 경우 양도시기

Q 임차인의 명도문제로 소유권이전등기가 지연되어 잔금에 상당하는 금액을 법원에 변제 공탁한 후 소유권이전등기 또는 공탁금을 수령한 경우 양도시기는 언제인가?

A 임차인의 명도문제로 소유권이전등기가 지연되어 잔금에 상당하는 금액을 법원에 변제 공탁한 후 소유권이전등기 또는 공탁금을 수령하는 경우에는 변제 공탁금의 효과가 공탁을 한 때로 소급하여 발생하는 것이므로 변제 공탁일을 대금 청산일로 보아 양도시기를 판정한다.

제2절 1세대 1주택 비과세

1 1세대

(1) 의의

양도일 현재 거주자 및 그 배우자(법률상 이혼을 하였으나 생계를 같이 하는 등 사실상 이혼한 것으로 보기 어려운 관계에 있는 사람을 포함한다)가 그들과 같은 주소 또는 거소에서 생계를 같이하는 자[거주자 및 그 배우자의 직계존비속(그 배우자를 포함한다) 및 형제자매를 말하며, 취학, 질병의 요양, 근무상 또는 사업상의 형편으로 본래의 주소 또는 거소에서 일시 퇴거한 사람을 포함한다]와 함께 구성하는 가족 단위를 말한다. 본인이나 배우자의 형제자매는 가족에 포함되나 형제자매의 배우자(형수나 동서)는 가족에 포함하지 않는다. 따라서 형과 같이 거주한 경우 본인이 1주택, 형수가 1주택을 보유하고 있는 경우 1세대 1주택이 된다.

① 거주자(본인)
② 거주자의 배우자
③ 직계존속(배우자 포함)
④ 직계비속(배우자 포함 예 며느리)
⑤ 거주자의 형제자매(예 본인의 형, 누이, 동생)
⑥ 거주자의 배우자의 형제자매(예 처형, 처남, 처제)

사례 29 동거가족인 동일 세대원의 판정

Q 동거가족인 동일 세대원의 판정은 주민등록등본 또는 실질 동거내용 중 무엇으로 판단하나요?

A 동일 세대 또는 세대원의 해당 여부는 양도일 현재를 기준으로 형식상의 주민등록 내용에 불구하고 실질적으로 생계를 같이하는지 여부에 따라 판정하도록 하고 있으므로 주민등록상 동거가족이라도 실제 함께 거주하지 않으면 동거가족으로 보지 않는다.

사례 30 부부가 각각 세대를 구성한 경우

Q 甲은 서울에서 세대를 구성하여 1주택을 보유하고 있으며 그의 배우자 乙은 부산에서 세대를 구성하여 1주택을 보유하고 있습니다. 이 경우 각각 세대로 볼 수 있나요?

A 부부간에는 실질적으로 각각 단독 세대(함께 거주하지 않는 경우)를 구성하였을 경우에도 동일 세대로 본다. 따라서 부부가 각각 1주택씩 소유하고 각각 단독 세대를 구성하여도 1세대가 2주택을 소유한 것으로 보아 세법을 적용한다.

사례 31 부부가 이혼 후 동거하는 경우

Q 부부간인 甲과 乙은 법률상으로는 이혼했으나 생계를 같이하고 있을 때 세법상 처리를 어떻게 하여야 하나요?

A 부부가 법률상으로는 이혼하였으나 사실상 생계를 같이하는 등 사실상 이혼한 것으로 보기 어려운 경우에는 해당 부부가 동일한 세대를 구성하는 것으로 해석함으로써 실질과세원칙에 따라 세대 여부를 판정하고 있다.

사례 32 같은 집 1층과 2층에 부모세대와 자녀세대가 따로 거주

Q 같은 건물의 1층에서는 부모가 미혼인 자녀의 부양을 받고 생활하고, 2층에서는 아들과 그의 가족이 생활하고 있습니다. 주민등록상에는 부모와 동일 세대로 등재되어 있는 경우 동일 세대로 보아야 하나요?

A 주민등록상 부모와 동일 세대로 등재되어 있다 하더라도 2층에서는 아들과 그의 가족이 생활하였고, 1층에서는 부모가 미혼인 자녀의 부양을 받으며 생활하는 경우 부모와 자녀 세대는 각각 독립된 세대로서 생계를 달리 하였다고 보아 각각 세대로 인정하여야 한다.

사례 **33** 1주택을 양도한 날 다른 1주택 보유자가 분가한 경우

Q 1세대 2주택을 보유하던 중 1주택을 양도한 날(잔금청산일)에 다른 1주택을 보유한 세대원이 분가(주소를 실제 이전)한 경우 동일 세대로 보나요?

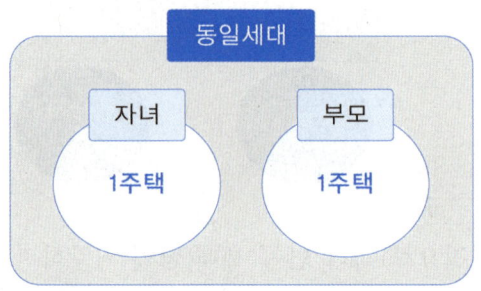

A 1세대 1주택 비과세 해당 여부를 판정할 때 2주택을 보유하던 1세대가 1주택을 양도한 날에 다른 1주택을 보유한 세대원이 세대를 분가한 경우 먼저 세대를 분가하고 주택을 양도한 것으로 보아 1세대 1주택 비과세를 적용받을 수 있다.
즉, 자녀가 보유한 주택을 양도하면서 잔금청산일에 부모가 주소를 실제 이전한 경우에는 자녀가 1주택을 보유한 것으로 보아 비과세 여부를 적용한다.

사례 **34** 해외근무 목적 출국

Q 甲의 자녀가 해외근무를 목적으로 출국하였으나 甲과 자녀가 주민등록상 동일 세대원으로 등록된 경우에는 동일 세대로 보나요?

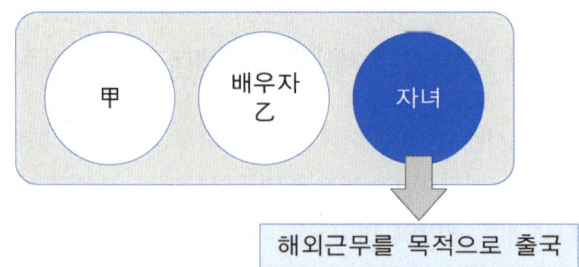

A 1세대를 구성할 수 있는 자녀가 해외근무를 목적으로 출국하여 부모세대와 다른 장소에서 독립된 생활을 하는 경우에는 주민등록상 부모세대와 동일 세대원으로 등재된 경우라도 부모세대와 자녀 세대를 각각의 1세대로 본다.

사례 35 신용카드 사용내역

Q 신용카드 사용내역으로 세대 구성원 여부를 확인할 수 있나요?

A 1. 교통카드: 쟁점 입주권 양도 당시 청구인의 주민등록표상 전입·전출 내역, 교통카드 사용 내역 등으로 보아 청구인은 그의 부모와 동일 세대이었던 것으로 보이는 점 등에 비추어 처분청이 청구인에게 양도소득세를 과세 처분한 처분은 잘못이 없다.

예) 교통카드 사용 내역

이용일자	탑승시간	하차시간	환승
2024-07-30	17:58	19:45	2
2024-07-30	08:05	09:03	1
2024-07-29	20:22	20:34	1
2024-07-29	17:59	19:14	1
2024-07-29	07:41	08:46	1
2024-07-28	17:19	18:22	1

⋮

2. 신용카드: 청구인의 신용카드 사용내역 등을 보면 쟁점주택이 있는 ○○○에서 소비가 이루어지거나 병원진료를 받았고, ○○○와 ○○○를 대중교통을 이용하여 오간 것으로 나타나 생활의 근거지가 여전히 쟁점주택이 있는 ○○○인 것으로 볼 수 있는 점 등에 비추어 청구인이 아들과 동일 세대를 구성한 것으로 보기 어렵다 할 것이므로, 처분청이 청구인을 1세대 2주택자로 보아 양도소득세를 과세한 처분은 잘못이다.

사례 36 거주자와 1세대 요건을 갖춘 자녀가 같은 세대원인 경우

Q 1주택을 소유한 거주자가 「소득세법」 제88조 제6호에 따른 1세대 구성요건을 갖춘 자녀(1주택 소유)와 함께 동일 주소지에서 1세대를 구성하여 생계를 같이하고 있는 경우 동일 세대로 보아야 하나요?

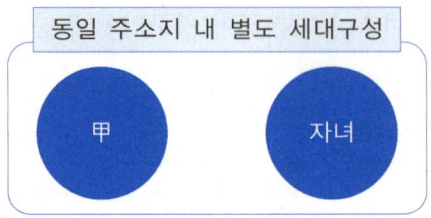

A 1주택을 소유한 거주자가 「소득세법」 제88조 제6호에 따른 1세대 구성요건을 갖춘 자녀와 함께 동일 주소지에서 1세대를 구성하여 생계를 같이하고 있는 경우에는 동일 세대로 보아 자녀가 주택을 보유한 경우 1세대 2주택에 해당된다.

사례 37 거주자의 배우자와 1세대 요건을 갖춘 자녀가 같은 세대원인 경우

Q 거주자(甲)가 단독으로 1세대를 구성하고 그 거주자(甲)의 배우자는 그들의 자녀와 함께 별도의 주소지에서 1세대를 구성하여 생계를 같이하고 있는 경우 거주자(甲)와 그 자녀는 동일 세대로 보아야 하나요?

A 거주자(甲)가 단독으로 1세대를 구성하고 그 거주자(甲)의 배우자는 그들의 자녀와 함께 1세대를 구성하여 생계를 같이하고 있는 경우에 거주자(甲)와 그 배우자는 세대 또는 생계를 달리하여도 같은 세대원으로 보는 것이나, 그 자녀가 「소득세법」 제88조 제6호에 따른 1세대 구성요건을 갖춘 경우에는 거주자(甲)와 그 자녀는 같은 세대원으로 보지 아니한다.

사례 **38** 사실혼 관계에 있는 자를 동일 세대원으로 볼 수 있는지

Q 1세대를 판단함에 있어 사실혼 관계로 자녀까지 출생한 경우에도 동일 세대원으로 볼 수 있나요?

A 1세대 1주택 비과세 요건을 적용함에 있어 1세대라 함은 거주자 및 그 배우자가 그들과 동일한 주소 또는 거소에서 생계를 같이하는 가족과 함께 구성하는 1세대를 말하는 것이다.
법률상 배우자와 법률상 이혼을 하였으나 생계를 같이 하는 등 사실상 이혼한 것으로 보기 어려운 관계에 있는 사람을 포함한다. 그러므로 사실혼 관계로 자녀까지 출생한 경우에도 동일 세대원으로 볼 수 없다.

사례 **39** 양자(養子)의 경우 어느 세대에 해당하는지

Q 1세대 1주택 비과세를 판단할 때 양자(養子)의 직계존속에는 양부모와 생부모 중 어느 세대에 속하나요?

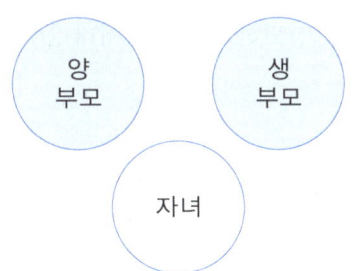

A 1세대 1주택 비과세를 판단할 때 양자(養子)의 직계존속에는 양부모와 생부모를 모두 포함하는 것이며, 양자(養子)가 양가와 생가 중 어느 세대에 속하는지는 형식상의 주민등록 내용에 불구하고 실질적으로 생계를 같이하는 부모의 세대에 속하게 된다.

사례 **40** 세대 구성원 범위

Q 친부의 사망으로 어머니(생모)가 재혼하여 등기된 국내 소재 A주택(취득 당시 조정대상지역 아님) 보유(3년 보유)한 甲은 등기된 국내 소재 B주택(취득 당시 조정대상지역)을 보유(보유 10년, 거주 5년)하고 있는 계부와 같은 주소지에서 생계를 같이 하는 경우 甲과 계부는 1세대원에 해당하는지요?

A 계부는 직계존속(생모)의 배우자에 해당하므로 같은 세대에 해당한다.

사례 **41** 세대 구성원 범위

Q 거주자 甲은 등기된 국내 소재 A주택(취득 당시 조정대상지역)을 보유(보유 10년, 거주 5년)하고 있으면서 甲과 같은 주소지에서 생계를 같이하는 등기된 국내 소재 B주택(취득 당시 조정대상지역 아님) 보유(3년 보유)한 처제와 함께 생활하고 있습니다. 이 경우 거주자 甲이 A주택을 양도하는 경우 비과세를 받을 수 있는지요?

A 처제는 甲과 같은 주소에서 생계를 같이하는 경우 처제가 배우자의 형제자매이므로 거주자 甲이 A주택을 양도하는 경우 1세대 2주택으로 비과세를 적용할 수 없다.

사례 **42** 세대 구성원 범위

Q 거주자 甲(형부)은 등기된 국내 소재 A주택(취득 당시 조정대상지역)을 보유(보유 10년, 거주 5년)하고 있으면서 甲(형부)과 같은 주소지에서 생계를 같이하는 등기된 국내 소재 B주택(취득 당시 조정대상지역 아님) 보유(3년 보유)한 처제와 함께 생활하고 있습니다. 이 경우 처제가 B주택을 양도하는 경우 비과세를 받을 수 있는지요?

A 처제는 甲(형부)과 같은 주소에서 생계를 같이하는 경우 처제 입장에서는 형부(甲)가 형제자매의 배우자이므로 동일세대가 아니므로 1세대 1주택으로 비과세 요건을 충족하여 비과세 적용이 가능하다.

사례 43 세대 구성원 범위

Q 거주자 甲은 등기된 국내 소재 A주택(취득 당시 조정대상지역)을 보유(보유 5년, 거주 3년)하고 있으면서 甲과 같은 주소지에서 생계를 같이하는 등기된 국내 소재 B주택(취득 당시 조정대상지역 아님) 보유(3년 보유)한 甲의 형 자녀(조카)와 함께 생활하고 있습니다. 이 경우 거주자 甲이 A주택을 양도하는 경우 비과세를 받을 수 있는지요?

A 甲의 형 자녀(조카)는 甲과 같은 주소에서 생계를 같이하고 있으나 거주자 및 배우자의 직계존비속이 아니므로 동일세대가 아니어서 1세대 1주택으로 비과세 요건을 충족하여 비과세 적용이 가능하다.

사례 44 세대 구성원 범위

Q 거주자 甲은 등기된 국내 소재 A주택(취득 당시 조정대상지역)을 보유(보유 5년, 거주 3년)하고 있으면서 甲과 같은 주소지에서 생계를 같이하는 등기된 국내 소재 B주택(취득 당시 조정대상지역 아님) 보유(3년 보유)한 甲의 형 자녀(조카)와 함께 생활하고 있습니다. 이 경우 조카가 B주택을 양도하는 경우 비과세를 받을 수 있는지요?

A 甲의 형 자녀(조카)는 甲과 같은 주소에서 생계를 같이하고 있으나 삼촌(甲)이 직계존비속이 아니므로 동일세대가 아니어서 1세대 1주택으로 비과세 요건을 충족하여 비과세 적용이 가능하다.

(2) 배우자가 없는 경우에도 1세대로 보는 경우
① 거주자의 연령이 30세 이상인 경우 ⇨ 소득이 없는 경우도 세대 구성 가능
② 배우자가 사망하거나 이혼한 경우
③ 해당 거주자의 나이가 30세 미만이면서 기획재정부령으로 정하는 소득이「국민기초생활 보장법」에 따른 기준중위소득을 12개월로 환산한 금액의 100분의 40 이상이고, 소유하고 있는 주택 또는 토지를 관리·유지하면서 독립된 생계를 유지할 수 있는 경우. 다만, 미성년자의 경우를 제외하되 미성년자의 결혼, 가족의 사망 그 밖에 사유로 1세대의 구성이 불가피한 경우에는 미성년자라도 1세대로 본다.

> **참고** 기준중위소득 고시
> (단위: 원)

구분	1인 가구	2인 가구	3인 가구	4인 가구	5인 가구	6인 가구
2024년	2,228,445	3,682,609	4,714,657	5,729,913	6,695,735	7,618,369
2025년	2,392,013	3,932,658	5,025353	6,097,773	7,108,192	8,064,805

사례 45 배우자 없이 1세대 구성

Q 29세 미혼 자녀가 주소는 다른 곳으로 되어 있으나 부모와 같이 거주하고 있습니다. 이 자녀 앞으로 1주택이 있다면 세대 분리에 의해 1세대 1주택 적용을 받을 수 있나요?

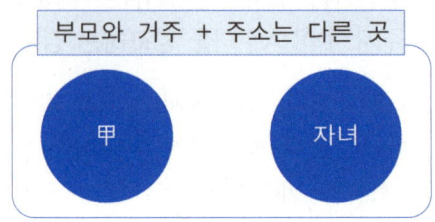

A 서류상으로는 세대 분리 요건을 갖추었으나 부모와 동거하는 등 세대분리 요건을 갖추지 못했다면 세법은 독립세대로 인정하지 않는다. 이 경우는 1세대 2주택으로 보아야 한다. 따라서 형식적으로 세대분리를 시키고 양도 등을 하는 사람들은 세무조사에 의해 그 내용이 확인될 수 있다.

사례 46 상속받은 경우 세대구성

Q 어머니가 사망하면서 미성년자인 외아들에게 상속해 준 주택(조정대상지역 아님)의 경우 그 아들이 2년간 보유하면 1세대 1주택으로 비과세가 가능한가요?

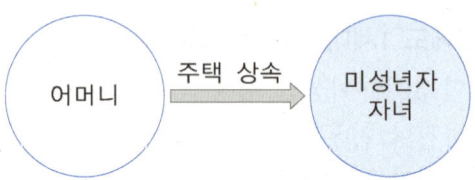

A 가족의 사망으로 미성년자가 주택을 상속받은 경우는 배우자나 나이 등에 관계없이 1세대로 인정되기 때문에 상속받은 후 2년 보유기간을 충족한 경우라면 비과세를 받을 수 있다.

사례 47 30세 미만의 이혼녀

Q 이혼 신고되어 있지 아니하는 30세 미만의 이혼한 자녀는 세대구성이 가능한가요?

A 이혼 신고는 되어 있지 아니하나 결혼한 사실이 입증되고 2자녀까지 둔 바 있어 양도 당시 30세 미만의 독신이라고 하더라도 이혼한 자녀로 보아 양도주택을 1세대 1주택으로 보아야 한다.

사례 48 이혼으로 본가에 재입적한 경우

Q 이혼으로 본가에 재입적한 경우의 세대구성은 어떻게 되나요?

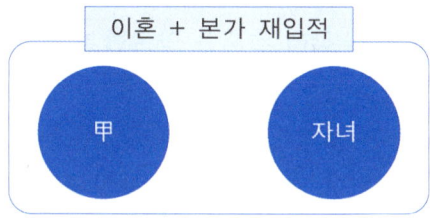

A 이혼한 딸과 父가 각각 1주택을 소유하고 있는 경우 1세대 2주택에 해당되어 먼저 양도하는 주택은 과세된다.

사례 49 법률상 부부의 일방이 제3자와 내연관계를 맺어 부부가 별거하는 경우

Q 법률상 부부의 일방이 제3자와 내연관계를 맺어 별거 중인데, 세무서에서는 1세대 2주택에 해당한다는 이유로 양도소득세를 부과하였습니다. 양도소득세 부과 처분이 적법한가요?

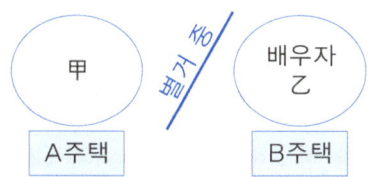

A 법률상 부부의 일방이 제3자와 내연관계를 맺어 별거 중이라도 법률상의 배우자와 1세대를 구성하게 되므로, 법률상 배우자가 주택을 소유하고 있다면 양도소득세 비과세 대상인 1세대 1주택에 해당하지 아니하여 과세관청의 양도소득세 부과 처분은 적법한 것으로 본다.

사례 **50** 청구인의 자(子)가 장래 배우자와 동거 중에 있는 경우 세대구성

Q 청구인과 청구인의 子는 주민등록상 같은 주소지에 주민등록이 되어있으나 청구인의 子가 장래 배우자와 동거 중에 있는 경우, 세대구성은 어떻게 되나요?

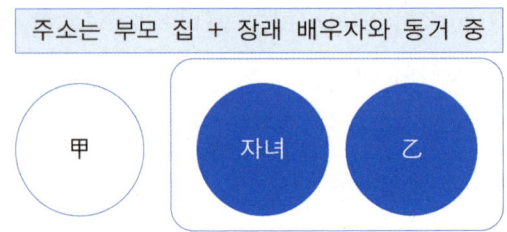

A 청구인과 청구인의 子는 주민등록상 같은 주소지에 있었음이 주민등록상 나타나나 사실상 청구인의 子가 장래 결혼을 약속한 배우자와 별도 주소지에 동거 중에 있었음이 확인되는 경우에는 별도의 세대를 구성한 것으로 보아야 한다.
신문구독영수증 등 관련 증거자료에 의하여 확인되고 있고, 동거인이 모두 근로소득이 있어 세대를 구성할 능력이 있는 등 사실상 청구인과 생계를 같이하지 아니한 것으로 판단되므로 청구인이 양도한 주택은 1세대 1주택으로 봄이 타당하다.

사례 **51** 세대가 다른 형제가 부모님을 각각 동거부양하는 경우

Q 세대가 다른 형제인 거주자 A는 모친을 남동생 C는 부친을 각각 동거 봉양하는 경우, 세대구성은 어떻게 되나요?

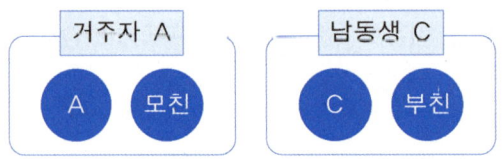

A 거주자(A)가 모친(B)을 동거 봉양하고 남동생(C)이 부친(D)을 동거 봉양하는 상태에서 A소유의 주택을 양도하는 경우는 A와 C를 동일한 세대로 보지 아니하기 때문에 거주자 A소유의 주택만으로 비과세 여부를 적용한다. 즉, 거주자 A소유의 주택이 1주택이라면 비과세요건을 충족하게 된다면 비과세를 적용받을 수 있다.

사례 52 동거봉양하다 세대분리

Q 부모님을 동거봉양하다 세대를 분리한 경우 세대판정은 어떻게 되나요?

A 子가 父를 동거 봉양하다가 세대를 분리한 경우 세대가 분리된 상태에서 각각의 세대별로 비과세 요건에 해당하는 주택을 양도하는 경우 1세대 1주택으로 보아 양도소득세가 비과세된다.

2 1주택

(1) 의의

① 주택이란 양도일 현재 허가 여부나 공부(公簿)상의 용도구분에 관계없이 사실상 주거용으로 사용하는 건물로 세대원이 독립된 주거생활을 할 수 있는 구조로 된 건물을 말한다.
  ㉠ 허가 여부나 공부상의 용도구분과 관계없다. 무허가 주택도 주택에 해당하며, 상업용 시설인 오피스텔을 주거용으로 사용하면 주택에 해당한다.
  ㉡ 용도가 불분명하면 공부상의 용도에 따른다.
② 주택과 딸린 토지와의 관계: 주택에 딸린 토지는 주택이 비과세되는 경우 토지도 비과세되는데, 비과세되는 토지는 다음에 의한다.

구분			배율
도시지역 내	수도권 내의 토지	주거·상업 및 공업지역 내의 토지	3배
		녹지지역 내의 토지	5배
	수도권 밖의 토지		5배
도시지역 외			10배

사례 53 주택 해당 여부

Q 1층이 교회이고 2층에 교회 목사 부부가 거주하는 경우 주택에 해당하는지요?

- 1층 건물을 통해서만 2층 출입이 가능
- 침구나 식기 등이 구비되어 있지 않고 기도 장소로 간헐적 이용

A 1층이 교회이고 2층에 교회 목사 부부가 거주하는 경우 목사 부부가 거주 주택이 없이 해당 주택에서 주로 식사와 수면을 하는 등 거주하였을 경우에는 2층은 주택에 해당한다.

1층 건물을 통해서만 2층 출입이 가능하며 부부가 동시에 기거할 수 있는 침구나 식기 등이 구비되어 있지 않고 주로 기도 장소로 이용되고 간헐적으로 목사 부부가 기거하는 경우는 종교시설의 일부로서 주택에 해당하지 아니한다.

사례 54 2주택 중 1주택의 건물만 다른 세대원에게 증여한 경우

Q 2주택을 보유하고 있던 甲은 그중 1주택의 건물만을 동일 세대가 아닌 乙에게 증여하였는데, 1세대 1주택에 해당하나요?

A 1세대 1주택을 판정함에 있어 주택과 그 부수토지를 동일 세대원이 아닌 자가 각각 소유하고 있는 경우 그 부수토지의 소유자는 주택을 소유한 것으로 보지 아니하는 것으로 1세대 1주택에 해당한다.
그러나 주택을 실질적으로 소유하면서 공부상 명의만 다른 세대원에게 증여하여 달리한 경우에는 공부상의 명의에 관계없이 주택을 甲이 소유한 것으로 보아 1세대 2주택이 되어 다른 주택을 양도할 때 비과세 적용을 받을 수 없게 된다.

사례 55 주택과 부수토지를 세대원이 나누어 소유

Q 주택과 부수토지를 동일 세대원이 나누어 소유하고 있는 경우 전부 비과세를 받을 수 있나요?

A 1세대 1주택의 비과세 요건을 갖춘 주택과 그 부수토지를 동일한 세대의 구성원이 각각 소유하고 있는 경우에는 1세대 1주택으로 보아 비과세를 적용 받을 수 있다.
그러나 주택과 그 부수토지를 각각 다른 세대원이 보유하는 경우에는 주택 소유자에 한하여 1세대 1주택의 비과세 규정을 적용하며, 주택 부수토지의 소유자는 동 규정을 적용받을 수 없으므로 토지 양도에 대해서는 과세된다.

사례 56 주택과 부수토지

Q 甲은 도시지역 내(수도권 내의 토지 중 주거지역)에 2,000평의 대지 위에 정착면적 30평의 주택을 지어 5년 이상 보유하다가 양도하였습니다. 주택의 부속 토지는 모두 비과세 받을 수 있나요?

A 1세대 1주택과 관련된 부수토지는 무조건 비과세를 하는 게 아닌 주택정착면적의 10배[도시지역 내(수도권 내의 토지 중 주거지역)인 경우 3배]만이 부수토지로 인정되어 비과세된다.

甲의 부수토지는 도시지역 내(수도권 내의 토지 중 주거지역)이기 때문에 정착면적의 3배인 90평(30평 × 3배)만이 부수토지로 인정되어 비과세되고 나머지 1,910평(2,000평 − 90평)은 양도소득세가 과세된다.

사례 57 인근토지를 추가 매입하여 부수토지를 만든 경우

Q 甲은 인접 토지를 매입하여 주택의 부수토지로 만들려고 합니다. 이 경우 비과세 혜택을 받으려면 어떻게 해야 하나요?

A 토지를 합필하거나 인접 토지를 추가 매입하여 한 울타리 내에서 사용하는 경우 이를 부수토지로 볼 수 있으나, 합필 또는 추가 매입 후 2년 경과하여 양도하면 비과세 받을 수 있게 된다.

사례 58 대지에 연접한 토지를 텃밭으로 사용한 경우

Q 대지에 연접한 토지를 텃밭으로 사용한 경우 주택에 딸린 토지로 볼 수 있나요?

A 1세대 1주택과 이에 딸린 토지란 해당 주택과 경제적 일체를 이루고 있는 토지로서 주거생활공간으로 인정되는 토지를 말하며, 배율[건물 정착면적의 3배 또는 5배(도시지역 밖은 10배)] 범위 내의 토지인 경우에도 주거용으로 사용되지 않고 농작물의 경작용으로 사용되는 경우에는 해당 주택에 딸린 토지로 볼 수 없다.

사례 59 한 울타리 내 농가주택과 창고 등이 있는 경우

Q 한 울타리 내 농가주택과 농기구용 창고 등이 있는 경우 주택으로 볼 수 있나요?

A 사회통념상 농·어업에 인정되는 범위 내의 축사, 퇴비사 및 농기구용 창고 등도 농가주택의 일부분으로 보아 1세대 1주택 비과세 여부를 판단한다.

사례 60 농어촌지역 주택을 휴양시설로 이용

Q 농어촌지역에 소재하는 주택을 휴양시설로 이용할 목적으로 취득한 경우 거주자의 주택에 해당하는지요?

A 농어촌지역에 소재하는 주택을 휴양시설로 이용할 목적으로 취득한 경우 거주자의 주택에 해당하는지에 대해서는 명문의 규정은 없다. 상시 주거용으로 사용하고 있지 않다고 하더라도 주거용으로 적합하게 시설이 되었고 언제라도 주택으로 이용 가능한 경우 거주자의 주택으로 보아야 한다.

사례 61 계약서상 무허가 건물을 기재하지 않은 경우

Q 계약서상 무허가 건물을 기재하지 않은 경우 무허가 주택에 딸린 토지는 주택에 딸린 토지로 보아 비과세를 인정받을 수 있나요?

A 1세대 1주택인 자가 대지와 무허가 주택을 양도하면서 계약서상 토지만을 양도하고 건물 자체는 별가치가 없어 토지가액만으로 계약서가 작성된 경우에도 주택이 사실상 존재하고 실제 거주한 경우 동 대지를 주택 부수토지로 보아야 한다.

사례 62 건물은 2년이 되었으나 부수토지는 2년이 안 된 경우

Q 주거용으로 사용하는 건물은 2년이 되었으나 부수토지는 2년이 안 된 경우 건물과 토지 모두 비과세가 가능한가요?

A 해당 토지부분에 대하여는 보유기간이 2년 미만이기 때문에 과세하고, 건물부분은 2년 이상 보유하여 비과세 요건을 충족하는 경우 비과세를 적용한다.

사례 63 생활형 숙박시설 분양권의 주택 수 포함 여부

Q 2021년 1월 1일 이후 취득한 '생활형 숙박시설 분양권'을 주택 분양권으로 보아 1세대 1주택 비과세 및 다주택 중과세율 판정시 주택 수에 포함하나요?

A▶ 「건축법 시행령」 별표1 제15호 가목에 따른 생활숙박시설을 공급받는 자로 선정된 지위는 「소득세법」 제88조 제10호에 따른 분양권에 해당하지 아니하는 것으로 1세대 1주택 비과세 및 다주택 중과세율 판정시 주택 수에 포함하지 않는다.

사례 64 오피스텔 분양권의 주택 수 포함 여부

Q▶ 2021년 1월 1일 이후 취득한 오피스텔 분양권이 양도소득세 1세대 1주택 비과세 및 다주택 중과세율 판정시 주택 수 계산에 포함되나요?

A▶ 「건축법 시행령」 별표1 제14호 나목 2)에 따른 오피스텔을 공급받는 자로 선정된 지위(오피스텔 분양권)는 「소득세법」 제88조 제10호에 따른 분양권에 해당하지 아니하는 것으로 1세대 1주택 비과세 및 다주택 중과세율 판정시 주택 수에 포함하지 않는다.

> **참고** 분양권이 있는 경우 다른 주택에 대한 비과세 여부
>
> 1. 분양권 1개만 있는 경우
>   2021년 1월 1일 이후 취득한 분양권은 주택 수 계산시 주택으로 본다. 이 경우 분양권만 있는 경우에는 주택으로 보유한 기간이 없기 때문에 분양권인 상태로 양도하면 비과세를 받을 수 없다.
>   이에 반해 재건축이나 재개발 등의 사업에서 발생한 조합원입주권은 관리처분계획인가일 전에 주택으로 2년 이상 보유한 경우에는 비과세를 적용한다.
> 2. 주택 보유 중에 분양권을 취득한 경우
>   2021년 1월 1일 이후 취득한 분양권은 주택 수 계산시 주택으로 보기 때문에 분양권 취득일로부터 종전주택(비과세요건 충족)을 3년 내에 양도하면 1주택 보유로 보아 종전주택을 비과세받을 수 있다.
> 3. 분양권을 보유 중에 주택을 취득한 경우
>   ① 먼저 분양권을 양도한 경우: 분양권 보유 중 주택을 취득한 후 먼저 분양권을 양도한 경우에는 비과세를 적용받을 수 없다.
>   ② 주택을 먼저 양도한 경우: 2021년 1월 1일 이후 취득한 분양권도 주택에 해당되므로 나중에 구입한 주택을 양도하는 경우 1세대 2주택에 해당되어 비과세를 적용받을 수 없다.
>   ③ 분양권을 먼저 양도한 후 주택을 양도한 경우: 주택 취득 후 2년 이상을 보유하고 양도하면 비과세 요건을 충복하면 비과세를 적용받을 수 있다.

4. 세목별로 분양권 등의 주택 수 산정시기는 다음과 같다.

구분	양도소득세	취득세	종합부동산세
분양권	2021년 1월 1일 이후 취득분	2020년 8월 12일 이후 취득분	관계 없음
입주권	기 주택으로 취급	2020년 8월 12일 이후 취득분	관계 없음
주거용 오피스텔	기 주택으로 취급	2020년 8월 12일 이후 취득분	기 주택으로 취급 (재산세 과세대상 주택으로 기재된 경우)

사례 65 2020년 12월 31일 이전에 계약한 분양권

Q 甲은 2020년 12월 31일 이전에 계약한 분양권과 본인이 거주하는 주택 하나를 보유하고 있다. 이 경우 甲이 보유하고 있는 주택을 2024년 1월 31일에 양도하면 비과세를 받을 수 있나요?

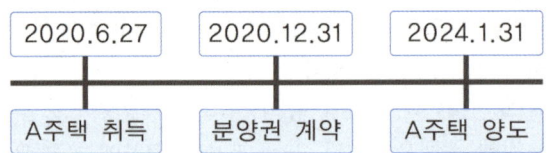

A 2020년 12월 31일 이전에 계약한 분양권은 주택 수에 포함되지 않기 때문에 甲이 보유하고 있는 주택을 2024년 1월 31일에 양도하면 1세대 1주택에 해당되어 비과세 요건을 충족하는 경우 비과세를 적용받을 수 있다.

사례 66 2020년 12월 31일 이전에 계약한 분양권

Q 甲은 2020년 12월 31일 이전에 계약한 분양권과 본인이 거주하는 주택 하나를 보유하고 있다. 만일 다른 주택을 2021년 1월 1일 이후 취득하여 일시적 2주택이 되면 비과세를 받을 수 있나요?

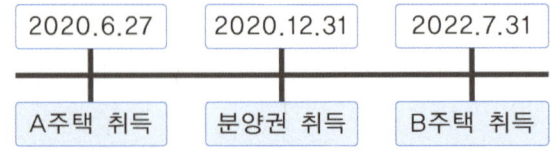

A 2020년 12월 31일 이전에 계약한 분양권은 주택 수에 포함되지 않기 때문에 2021년 1월 1일 이후 취득하여 일시적 2주택이 되면 신규주택 취득일로부터 종전주택(비과세요건 충족)을 3년 이내에 양도하면 비과세를 받을 수 있다.

즉, 2020년 12월 31일 이전에 취득한 분양권이 존재하는 경우라도 종전주택(비과세요건 충족)을 3년 이내에 양도하면 일시적 2주택 비과세 혜택을 적용받을 수 있게 된다.

사례 67 1분양권만 보유한 상태에서 양도

Q 2021년 1월 1일 이후 취득한 1분양권만 보유한 상태에서 이를 양도하면 양도소득세 비과세를 받을 수 있나요?

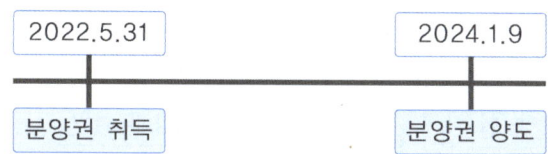

A 분양권 상태에서 양도하는 경우 비과세를 받을 수 없다. 그러나 분양권에 대한 잔금지급을 하면 주택이 되기 때문에 잔금지급일로부터 2년 보유 등 비과세 요건을 갖추면 비과세를 받을 수 있다. 분양권 자체를 양도하는 경우에는 비과세를 받지 못하지만 주택이 된 후에는 잔금을 지급한 날로부터 2년 보유 요건을 충족하고 실지 양도가액이 12억원을 초과하지 않는 경우에는 비과세를 받을 수 있게 된다.

사례 68 2주택자가 2020년 12월 31일 이전 분양권 취득

Q 2014년 5월에 A주택을 취득한 후 2020년 4월에 분양권을 취득하여 보유하던 중 2023년 2월에 B주택을 취득하여 일시적 2주택이 된 경우 A주택을 2024년 8월에 양도하게 되면 일시적 2주택 비과세를 받을 수 있나요?

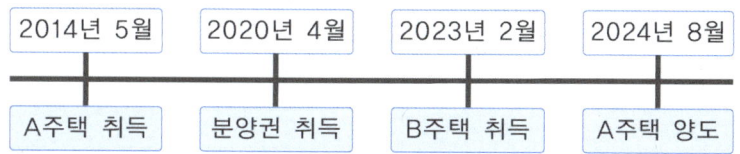

[A] 2021년 1월 1일 이전에 분양권을 취득(2020년 4월)한 경우에는 주택 수에 포함되지 않기 때문에 A주택을 양도하는 경우 일시적 2주택으로 비과세를 받을 수 있다. B주택 취득일로부터 A주택을 3년 이내에 양도하면 1주택의 양도로 보아 양도주택이 비과세 요건을 충족하게 되면 비과세를 받을 수 있다.

2021년 1월 1일 이후 취득한 분양권을 주택으로 보기 때문에 2020년 4월에 취득한 분양권은 주택으로 보지 않고 일시적 2주택으로 보아 비과세를 적용할 수 있다.

사례 69 2주택자가 2021년 1월 1일 이후 분양권 취득

[Q] 2주택자가 2021년 4월에 분양권을 취득하고 A주택을 2024년 8월에 양도하는 경우 비과세를 적용받을 수 있나요?

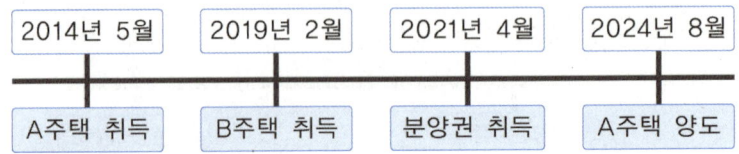

[A] 2021년 4월에 분양권을 취득하면 3주택자가 되어 비과세를 받을 수 없게 된다. 그러나 다른 주택이나 분양권을 양도하여 일시적 2주택이 된 경우에는 비과세가 가능하다.

(2) 주택 판정

양도일 현재 사실상 현황을 기준으로 판정한다. 이 경우 그 용도가 분명하지 아니하면 공부상의 용도에 따른다. 주택에 해당하는지 여부는 양도일 현재를 기준으로 판단하며, 매매특약에 의하여 매매계약일 이후 주택을 멸실한 경우에는 매매계약일 현재를 기준으로 판단한다.

① 매수자의 등기 지연으로 공부상 2주택이 된 경우: 매매계약서 등에 의하여 1세대 1주택임이 사실상 확인되는 경우에는 1주택으로 본다.
② 소유하고 있던 공부상 주택인 1세대 1주택을 거주용이 아닌 영업용 건물로 사용하다가 양도하는 때에는 1세대 1주택으로 보지 아니한다.

사례 70 주택의 범위

Q 1주택과 상가 건물을 보유하는데 상가 건물 중 일부를 주거용으로 임대한 경우 1세대 1주택으로 양도소득세가 비과세될 수 있나요?

A 상가 건물 중 일부를 주거용으로 사용하는 경우도 주택으로 보기 때문에 1세대 2주택이 되어 비과세 혜택을 볼 수 없다.
상가일지라도 일부를 주거용으로 사용하는 경우, 주거용으로 사용하는 그 부분은 주택으로 인정되기 때문에 주거용으로 임대한 부분이 있는지 확인해야 한다.

사례 71 양도 당시 사무실로 일시 사용

Q 甲은 주택으로 계속 사용하던 건물을 양도 당시 사무실로 일시 사용하다 양도하였습니다. 이를 주택으로 보아 비과세를 받을 수 있나요?

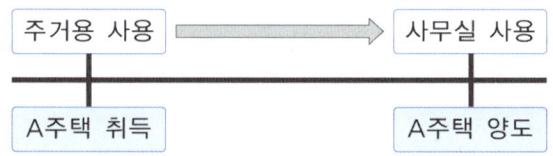

A 건물을 주택으로 보기 위해서는 양도일 현재 주거용에 사용한 상태이어야 하며 실제 주택 시설이 존재하여야 한다. 만약 주택 건물을 주택으로 사용하다가 일시 사무실로 임대하다 다시 주택으로 사용하다 양도하는 경우에는 이를 주택으로 본다. 그러나 계속 주택으로 사용은 했으나 양도 당시 사무실로 사용하고 있는 경우 주택으로 인정받지 못해 비과세를 받지 못한다.

사례 72 무허가 주택의 비과세 가능 여부

Q 건축허가를 받지 않거나, 불법으로 건축된 주택이라 하더라도 주택으로 사용할 목적으로 건축된 건축물인 경우에는 1세대 1주택 비과세 규정을 적용받을 수 있나요?

A 건축허가를 받지 않거나, 불법으로 건축된 주택이라 하더라도 주택으로 사용할 목적으로 건축된 건축물인 경우에는 건축에 관한 신고 여부, 건축완성에 대한 사용검사나 사용승인에 불구하고 주택에 해당되며, 1주택만 소유한 경우에는 1세대 1주택 비과세 규정을 적용받을 수 있다.

사례 73 신축 주택의 거주요건 적용 여부

Q 1주택(A)을 보유한 1세대가 분양권(B)을 타인으로부터 매수하는 계약을 체결한 후 보유하던 1주택(A)을 양도하고 분양권(B)을 취득한 경우로서 주택(B) 취득일 현재 조정대상지역인 경우 1세대 1주택 비과세 거주요건 적용하여야 하는지요?

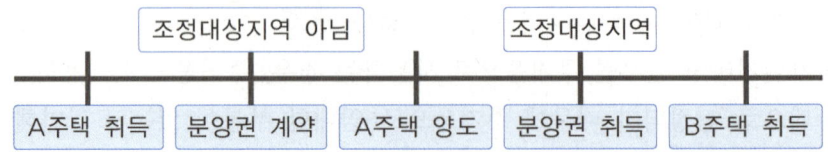

A 1주택을 보유한 1세대가 분양권을 타인으로부터 매수하는 계약을 체결한 후 보유하던 1주택을 양도하고 분양권을 취득한 경우 주택 취득일 현재 조정대상지역인 경우 1세대 1주택 비과세 거주요건을 적용하여야 한다.
거주자가 조정대상지역의 공고가 있는 날 이전에 매매계약을 체결하고 계약금을 지급한 사실이 증빙서류에 의하여 확인되는 경우로서 해당 거주자가 속한 1세대가 계약금 지급일 현재 주택을 보유하지 아니하는 경우에 거주기간의 제한을 받지 않는다.

사례 74 주택으로 사용하다 양도일에 점포 등으로 용도변경

Q 주택으로 사용하다 양도일에 점포 등으로 용도 변경한 경우는 비과세가 가능한가요?

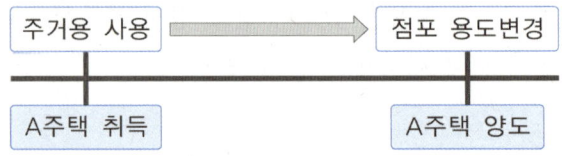

A 주택이라 함은 양도일 현재 주거용으로 사용하는 건물로서 해당 건물의 보유기간 동안 2년 이상 주거용으로 사용한 사실이 있는 주택을 말하는 것으로서 주택으로 사용하던 건물을 용도 변경하여 주택 이외의 건물로 사용하다 양도하는 경우에는 양도소득세가 과세되는 것이다.

③ 1주택을 여러 사람이 공동으로 소유하는 경우에는 각각 개개인이 주택을 소유하는 것으로 보므로 공동소유주택 외의 다른 주택을 양도하는 때에는 1세대 2주택자가 1주택을 양도한 것으로 보아 비과세가 적용되지 않는다.

> **주의** 공동상속주택(상속으로 여러 사람이 공동으로 소유하는 1주택을 말한다) 외의 다른 주택을 양도하는 때에는 해당 공동상속주택은 해당 거주자의 주택으로 보지 아니한다.
> 다만, 상속지분이 가장 큰 상속인의 경우는 그러하지 아니하며 이 경우 상속지분이 가장 큰 상속인이 2인 이상인 때에는 그 2인 이상의 자 중 다음의 순서에 따라 공동상속주택을 소유한 것으로 본다. 즉, 공동상속을 받은 경우 소수지분은 비과세 적용시 주택 수에서 제외한다.
> • 상속지분이 가장 큰 상속인
> • 해당 주택에 거주하는 자
> • 최연장자

④ 다가구주택인 경우: 한 가구가 독립하여 거주할 수 있도록 구획된 부분을 각각 하나의 주택으로 본다. 다만, 해당 다가구주택을 구획된 부분별로 양도하지 아니하고 하나의 매매단위로 하여 양도하는 경우 그 전체를 하나의 주택으로 본다.

⑤ 1세대 1주택과 딸린 토지를 분할 양도시: 토지만을 분할하여 양도하는 경우 1세대 1주택의 부수토지로 보지 않고 나대지의 양도로 보아 비과세를 적용받지 못하고 양도소득세를 과세한다.

⑥ 1세대 1주택 비과세 규정 적용시 보유한 2채의 주택을 같은 날 동시에 양도하는 경우: 2주택 중에서 먼저 양도하는 주택은 과세하고 나중에 양도한 주택이 비과세 요건을 충족하게 되면 비과세를 받을 수 있는데 이 경우 거주자가 선택한 순서에 따라 주택을 양도한 것으로 본다.

⑦ 화재 또는 천재지변으로 건물이 멸실된 경우: 1세대 1주택자가 비과세 요건을 충족한 후 화재 또는 천재지변으로 건물이 소실되어 부득이 대지만 양도한 경우에도 주택의 부수토지로 보아 비과세 규정을 적용한다.

⑧ 거주자가 자의로 주택을 멸실한 경우: 거주자가 나대지로 사용할 목적으로 자의로 주택을 멸실하였다가 양도한 경우에는 주택의 양도가 아닌 나대지의 양도로 본다.

사례 75 벽을 헐어 2가구를 1가구로 사용

Q 甲은 101호를 소유하고 있는데 102호가 주택을 양도하고자 하여 甲이 취득하고 벽을 헐고 1개의 주택으로 사용하려고 합니다. 이 경우 1주택으로 인정받을 수 있나요?

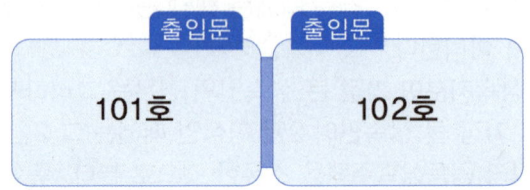

A 기존에 2세대가 사용하던 2개 주택의 담을 헐어 1세대가 1개의 주택으로 사용하거나 아파트의 벽을 헐어 2개 동을 1가구가 사용하였다면 이를 1주택으로 보아 비과세를 적용받을 수 있다.

공부상은 2주택이지만 사실상 하나의 주거공간으로 사용하는 경우는 1주택으로 보아 비과세를 적용하여야 한다.

사례 76 2주택 중 건물 부분만 증여한 경우

Q 2주택(A주택, B주택) 중 동일 세대원이 아닌 딸에게 A주택의 건물 부분만을 증여한 경우 B주택 양도시 비과세가 가능한가요?

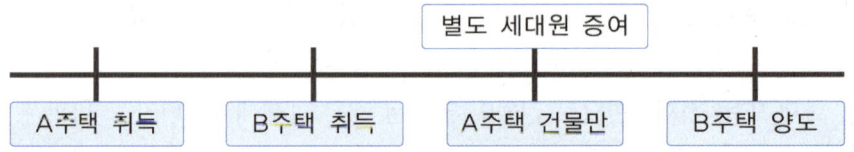

A 2주택(A주택, B주택) 중 A주택의 건물 부분만을 동일 세대원이 아닌 딸에게 증여하여 A주택의 건물은 딸이 소유하고 그 부수토지는 부모가 소유하고 있는 경우 그 부수토지만을 소유하고 있는 부모는 A주택을 소유한 것으로 보지 아니하므로 B주택만으로 1세대 1주택 비과세 여부를 판정한다.

그러나 부모가 부정한 행위로 비과세를 받기 위해 딸에게 증여한 것처럼 꾸민 경우는 세무조사를 통해 확인하여 비과세를 취소할 수도 있다.

사례 77 2주택 중 1주택이 상가입주권 선정된 경우

Q 2주택을 소유하고 있는 1세대가 2주택 중 1주택이 주택재개발사업을 시행하는 정비사업조합에 제공하여 관리처분계획인가로 상가의 입주자로 선정된 지위를 보유한 상태에서 나머지 1주택을 양도하는 경우 해당 1주택에 대해서는 1세대 1주택 비과세를 적용받을 수 있나요?

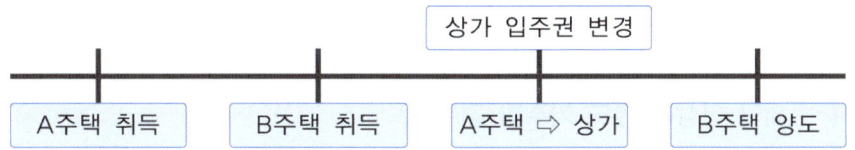

A 2주택을 소유하고 있는 1세대가 그중 1주택을 주택재개발사업을 시행하는 정비사업조합에 제공하여 관리처분계획인가로 취득한 상가의 입주자로 선정된 지위를 보유한 상태에서 나머지 1주택을 양도하는 경우 해당 1주택에 대해서는 1세대 1주택 비과세를 적용받을 수 있다.

사례 78 공가상태 건물의 주택 해당 여부

Q 주택으로 사용하던 건물이 장기간 공가상태로 방치된 경우에도 공부상의 용도가 주거용으로 등재되어 있으면 주택으로 보나요?

A 주택으로 사용하던 건물이 장기간 공가상태로 방치된 경우에도 공부상의 용도가 주거용으로 등재되어 있으면 주택으로 보는 것이며, 장기간 공가상태로 방치한 건물이 「건축법」에 의한 건축물로 볼 수 없을 정도로 폐가가 된 경우에는 주택으로 보지 아니한다.

사례 79 대지를 사용승낙하고 타인이 주택을 신축한 경우

Q 대지를 사용승낙하고 타인이 주택을 신축한 경우 1세대 2주택으로 보나요?

A 1세대 1주택자가 자기 소유의 대지를 사용승낙으로 본인세대 이외의 타인 명의의 주택을 신축하더라도 본인 소유의 주택이 아니므로 1세대 2주택으로 보지 않는다.

사례 80 전기와 수도시설이 철거된 재건축아파트의 주택 여부

Q 전기와 수도시설이 철거된 재건축아파트의 경우도 주택에 해당하나요?

A 1세대 1주택 양도소득세 비과세 제도의 취지 및 「소득세법」 제89조 제2항의 입법 취지와 조문체계 등에 비추어, 전기와 수도시설이 철거된 경우에도 주거용으로서의 잠재적 기능을 여전히 보유한 상태인 재건축아파트는 '주택'에 해당된다.

사례 81 2세대 이상이 별도 거주한 경우

Q 한 울타리 안에 2동의 주택에서 2세대가 별도로 거주한 경우 주택 수 계산은 어떻게 하나요?

A 1세대 1주택을 판정함에 있어서 한 울타리 안에 2동의 주택이 있는 경우 1세대가 하나의 주거공간으로 사용하는 경우에는 1주택으로 보는 것이다.
2세대 이상이 별도의 주거공간으로 사용하는 경우에는 각각의 세대가 주택을 보유하는 것으로 보아 1세대 2주택이 아닌 각각 1세대 1주택이 된다.

사례 82 하나의 건축물 대장에 기재된 3개의 단독주택을 일괄 양도한 경우

Q 하나의 건축물 대장에 기재된 3개의 단독주택을 일괄 양도한 경우 주택 수 계산은 어떻게 하나요?

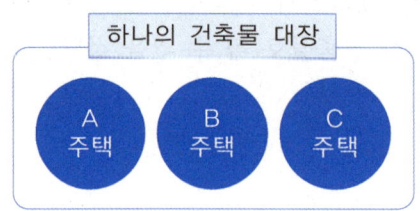

A 하나의 건축물 대장 및 건물등기부에 등기되어 있는 3개의 단독주택을 하나의 매매단위로 양도한 경우 다가구주택에 해당되지 아니하므로 일괄 양도하더라도 이를 1개의 주택으로 보는 것이 아닌 1세대가 3주택을 보유한 것으로 본다.
이 경우 거주자가 선택한 순서에 의해 양도한 것으로 보아 먼저 양도하는 2주택에 대해서는 과세하고 나머지 1주택에 대해서는 비과세 요건을 충족하는 경우 비과세를 받을 수 있다.

사례 83 공장 내 합숙소의 주택 여부

Q 사용인(다른 사람에게 부림을 받는 사람, 즉 종업원)의 생활을 위하여 공장에 딸린 건물을 합숙소로 사용하고 있는 경우 이를 주택으로 보나요?

A 사용인의 기거를 위하여 공장에 부수된 건물을 합숙소로 사용하고 있는 경우 해당 합숙소는 주택으로 보지 않는다.

사례 84 한 울타리 내 2동의 주택 중 1동 멸실 후 남은 주택 및 토지 양도시 비과세 여부

Q 1필지 내 A동과 B동으로 구분된 주택과 토지를 일괄취득하여 한 울타리 안에서 출입구와 마당을 공동으로 사용하다 B동을 철거한 후 A동과 토지를 일괄양도하는 경우 1세대 1주택 비과세 적용이 가능한가요?

- 2006년 7월 11일   1필지 내 A동과 B동 및 토지 일괄 취득하고 한 울타리 안에서 출입구와 마당을 공동으로 사용함
- 2022년 10월 20일   주택 외 용도로 사용할 계획으로 B동 멸실
- 2024년 1월 25일   A동 및 토지 일괄 양도(2023년 11월 18일 매매계약)

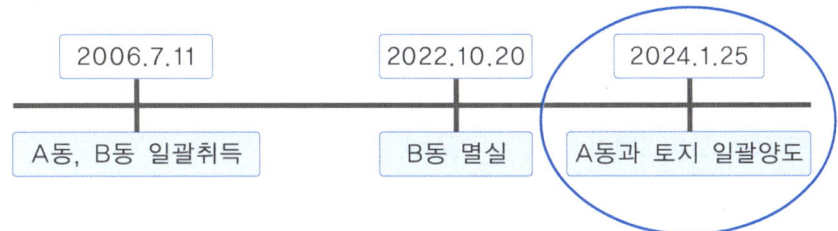

A 양도소득세가 비과세되는 1세대 1주택을 판정함에 있어 '1주택'은 한 울타리 안에 있는 주택(2 이상으로 분리된 경우 포함)과 법에서 정하는 배율 이내의 부수토지(2필지 이상인 경우 포함)를 말하는 것으로 B동을 철거한 후 A동과 토지를 일괄양도하는 경우 1세대 1주택 비과세 적용이 가능하다.

사례 85 1세대가 일반주택 1채와 펜션 1채를 소유하고 있는 경우

Q 1세대가 일반주택 1채와 펜션 1채를 소유하고 있는 경우 비과세를 받기 위해서는 어떻게 해야 하나요?

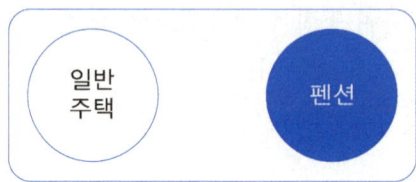

A 일반주택을 먼저 양도하면 펜션은 주택 수에서 제외되므로 비과세 요건을 충족하면 1세대 1주택으로 비과세를 적용한다. 펜션을 먼저 양도하면 주택에 해당하지 않아 1세대 1주택 비과세 적용이 불가능하게 된다. 그러나 세대원이 해당 펜션 건물로 거소 등을 이전하여 주택으로 일부 사용하는 경우에는 겸용주택으로 보아 1세대 2주택이 되기 때문에 먼저 양도하는 주택은 비과세를 받지 못하는 경우가 발생할 수 있다.

사례 86 다가구주택 주택 수 계산

Q 5가구로 구분된 다가구주택을 소유하고 있는 甲과 오피스텔을 소유하고 있는 乙은 다가구주택과 오피스텔이 주택 수 계산에 포함되나요?

A 세법상 한 가구가 독립하여 거주할 수 있도록 구획된 부분은 각각 하나의 주택으로 본다. 다만, 다가구주택을 하나의 매매단위로 양도하는 경우에는 단독주택으로 보아 1세대 1주택 비과세 여부를 판단한다.
오피스텔의 경우에는 사실상 주거용으로 사용하는 경우에는 주택으로 계산하나 주거 이외의 용도로 사용하는 경우에는 주택으로 보지 않는다.

사례 87 다가구주택 신축 후 양도

Q 오래된 주택을 구입하여 철거한 후 그 자리에 다가구주택을 신축하여 양도하려고 하고 있습니다. 이 경우 양도소득세 비과세 혜택을 볼 수 있나요?

A▶ 주택을 양도하는 경우 양도소득세가 과세되는 것이 일반적이지만 주택의 양도가 사업적으로 이루어진다고 판단되면 양도소득세를 과세하지 않고 사업소득세로 과세한다. 오래된 주택을 매입하여 다가구주택을 신축 판매하는 경우에는 주택신축판매업으로 보아 사업소득세가 과세되고 이 경우는 부가가치세를 과세당할 수 있으니 주의하여야 한다.

사례 88 다가구주택 거주기간

Q▶ 甲은 다가구주택(총 10호 거주)을 소유하고 있습니다. 만일 이 주택에 대해 거주기간 요건이 적용되어야 비과세가 가능하다고 할 때 甲이 한 호에서 2년 거주했다면 비과세를 받을 수 있나요?

A▶ 甲이 한 호에서 2년 거주했다면 거주 요건을 충족한 것으로 보아 비과세를 적용받을 수 있다.

사례 89 다가구주택과 다른 주택 1채 소유

Q▶ 甲은 다가구주택(총 10호 거주)과 다른 주택 1채를 더 소유하고 있습니다. 이 경우 다가구주택을 임대 등록하면 다른 주택에 대해 비과세를 받을 수 있나요?

A▶ 다가구주택(총 10호 거주)과 다른 주택 1채를 소유한 甲이 다가구주택을 임대 등록한 경우에는 다른 주택을 양도하는 경우 비과세 요건을 충족하면 비과세를 적용받을 수 있다.

사례 90 다가구주택 중 한 호로 이사를 오면서 다른 호는 임대 등록

Q▶ 甲은 다가구주택(총 10호 거주)과 다른 주택 1채를 더 소유하고 있습니다. 甲이 다가구주택 중 한 호로 이사를 오면서 다른 호는 모두 임대 등록을 하는 경우 다른 주택에 대해서는 거주주택에 대한 비과세를 받을 수 있나요?

A▶ 이 경우 일시적 2주택에 해당할 수 있다. 일시적 2주택에 대한 비과세 요건을 충족한 경우라면 거주주택에 대한 비과세가 가능하다. 거주주택은 2년 이상 거주, 장기임대주택은 등록 당시 기준시가 6억원(비수도권은 3억원) 요건이 충족되어야 한다.

사례 91 공실인 오피스텔의 주택 여부

Q 주택 양도일 현재 공실로 보유하는 오피스텔의 경우 내부시설 및 구조 등을 주거용으로 사용할 수 있도록 변경하지 아니하고 「건축법」상의 업무용으로 사용 승인된 형태를 유지하고 있는 경우 주택으로 보나요?

A 주택 양도일 현재 공실로 보유하는 오피스텔의 경우 내부시설 및 구조 등을 주거용으로 사용할 수 있도록 변경하지 아니하고 「건축법」상의 업무용으로 사용승인된 형태를 유지하고 있는 경우에는 주택으로 보지 않으며, 내부시설 및 구조 등을 주거용으로 변경하여 항상 주거용으로 사용 가능한 경우에는 주택으로 본다.

사례 92 민박집 판단

Q 민박집은 주거용 주택에 해당하나요?

A 민박집은 주거용 주택에 해당하지 않는다. 이는 사업용 숙박용역에 해당한다.

사례 93 2주택 보유 세대가 세대분리하는 경우 비과세 적용

Q 다음 사례와 같은 경우 A주택 양도시 1세대 1주택 비과세 적용이 가능한가요?

- 2004년 10월 甲은 서울 소재 A아파트 취득 후 '2006년 1월~2018년 2월'까지 실거주
- 2020년 12월 甲의 자녀 乙이 서울 소재 B아파트 취득
- 2024년 12월 乙은 30세로 세대분리 후 甲은 A주택 양도 예정

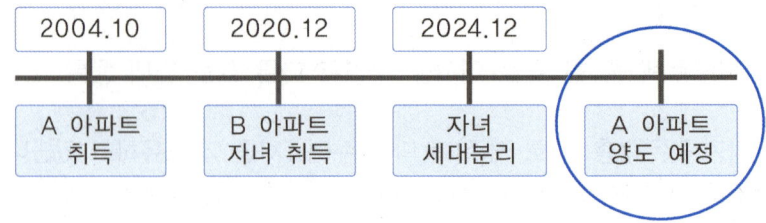

A 「소득세법 시행령」 제154조의 1세대 1주택 비과세 판정은 양도일 현재 1세대를 기준으로 비과세 여부를 판정하는 것이기 때문에 甲의 자녀 乙이 30세로 세대를 분리한 후 甲의 A주택을 양도하는 경우 甲과 乙은 별도의 세대로 인정되어 비과세 요건을 충족한 경우 1세대 1주택으로 보아 비과세가 가능하다.

사례 94 오피스텔을 주거용으로 사용 후 바로 양도

Q 홍길동씨는 2020년 2월 5일 국내소재 오피스텔을 4억원에 취득(등기 필)하여 업무용으로 사용하다가 2024년 2월 10일부터 주거용으로 사용한 후 2025년 2월 20일 해당 오피스텔을 8억원에 양도하는 경우 오피스텔 외에 다른 주택이 없는 경우 홍길동씨는 1세대 1주택 비과세를 적용받을 수 있는지요?

A 오피스텔 외에 다른 주택이 없는 홍길동씨는 양도시점에 오피스텔을 주거용으로 사용하였으므로 1세대 1주택 비과세를 적용하여 신고하였으나, 주거용으로 사용한 날부터 2년이 지나기 전에 양도하여 비과세를 적용받지 못한다.

주택이 아닌 건물을 주거용으로 사용한 경우에는 사실상 주거용으로 사용한 날(또는 주택으로 용도변경한 날)부터 주택 보유기간을 계산하여 1세대 1주택 비과세 특례 여부를 판단한다. 따라서 홍길동씨는 해당 오피스텔을 주거용으로 사용한 날부터 2년이 지나기 전에 양도하여 보유요건(2년 이상)을 충족하지 못하였으므로 1세대 1주택 비과세를 적용받을 수 없다.

주택이 아닌 건물을 사실상 주거용으로 사용하고 있는 경우 1세대 1주택 비과세를 적용받기 위해서는 해당 건물을 양도하기 전에 주택으로 사용한 날부터 양도일까지 기간이 2년 이상인지 확인하여야 한다.

사례 95 건물과 토지를 동일 세대원이 나누어 소유

Q 건물은 甲이 소유하고 부수토지는 동일 세대원인 乙이 보유하는 경우 전부 비과세를 받을 수 있나요?

A 1세대 1주택의 비과세 요건을 갖춘 건물과 그 부수토지를 동일한 세대의 구성원이 각각 소유하고 있는 경우에는 1세대가 1주택을 보유하는 것으로 보아 비과세를 적용받을 수 있다.

그러나 건물과 그 부수토지를 각각 다른 세대가 보유하는 경우에는 건물 소유자에 한하여 1세대 1주택 비과세 규정을 적용하며, 건물부수토지의 소유자는 토지만을 보유한 것으로 보아 1세대 1주택 비과세 규정을 적용하지 못하여 토지만을 양도하는 것으로 보아 양도소득세가 과세된다.

사례 96 화재, 천재지변의 사유로 건물이 멸실

Q 화재, 천재지변의 사유로 건물이 멸실되어 나대지만을 양도하는 경우 비과세를 받을 수 있나요?

A 1세대 1주택자가 비과세 요건을 충족한 후 화재 또는 천재지변의 사유로 건물이 멸실되어 부득이 대지만을 양도한 경우에도 주택의 부수토지로 보아 비과세 규정을 적용한다.

참고 주택에 딸린 토지

1. 주택에 딸린 토지로 보는 해석 사례

구분	주택에 딸린 토지로 보는 경우
한 울타리 내 여러 필지	필지 수에 불구하고 사실상 주택과 경제적 일체를 이루는 경우
같은 세대원이 소유한 주택에 딸린 토지	주택과 그에 딸린 토지를 같은 세대원이 각각 소유한 경우
매매계약체결 후 주택을 멸실한 경우	매매계약 체결 후 양도일 전에 매매계약조건에 따라 주택을 멸실한 경우
환지청산금	1세대 1주택 비과세 요건(고가주택 제외)을 갖춘 조합원이 조합으로부터 환지청산금을 지급받는 경우
전용 사설도로	해당 토지가 양도 주택에만 전용으로 사용되는 별도 필지의 도로
무허가 주택 부수토지	무허가 주택의 정착면적도 주택의 면적에 산입하여 부수토지의 기준면적 계산
천재지변의 사유로 건물이 멸실된 경우	화재, 풍수해, 지진 등으로 건물이 소실된 경우

2. 주택에 딸린 토지로 보지 않는 해석 사례

구분	주택에 딸린 토지로 보지 않는 경우
울타리 경계 밖에 있는 토지	담장 또는 울타리 경계 밖에 있는 토지
타인이 소유한 주택에 딸린 토지	같은 세대원이 아닌 자가 소유한 주택에 딸린 토지
주택 양도 후 주택에 딸린 토지가 수용되는 경우	주택을 제3자에게 먼저 양도한 후 나중에 수용되는 주택에 딸린 토지
공동으로 사용하는 사설도로	다른 세대도 공동으로 사용하는 사설도로
건물이 멸실된 경우	자의로 건물을 멸실한 경우의 부수토지
주거생활과 별도로 사용한 토지	세차장, 주차장 등으로 사용되는 토지
공용 사설도로	해당 도로가 다른 세대도 공동으로 사용하는 경우

사례 97 주택 멸실 나대지로 양도

Q 1세대 1주택자인 甲은 乙에게 주택을 양도하였으나 매수자 乙이 잔금청산일 이후에 토지만 등기 이전하고 건물은 멸실했습니다. 이때 甲은 주택으로 보아 비과세 받을 수 있나요?

A 건물을 멸실하여 나대지 상태로 양도하는 경우에도 양도일 현재 건물이 있었느냐를 기준으로 판정하게 되는바, 양도일 전에 건물을 멸실하고 나대지를 양도하는 경우는 주택으로 볼 수 없으나, 매수자의 필요에 의하여 토지만이 등기 이전되고 건물은 양도일 이후에 철거되었다면 이를 주택으로 보아 비과세를 적용받을 수 있게 된다. 즉, 1세대 1주택에 해당하는 부동산을 양도하기로 약정하고 계약금 및 중도금 수령한 후 잔금청산일 전에 양수인의 요청으로 주택을 멸실하였더라도 매매계약일 현재를 기준으로 1세대 1주택 비과세 여부를 판정하므로 이를 주택의 양도로 보아야 한다.

사례 98 검인계약서상 계약일 이전에 주택이 멸실된 경우

Q 실제 계약일과 검인계약서상에 매매계약일이 상이하고 실제 계약일 이후이지만 검인계약서상 계약일 이전에 건물이 멸실된 경우 비과세가 가능한가요?

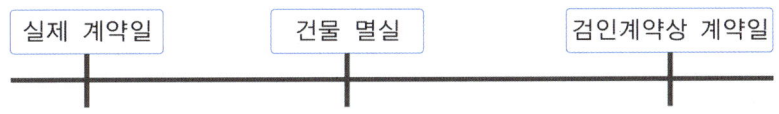

A 실제 매매사실과 상관없이 소유권이전등기를 위임받은 자가 등기신청용 매매계약서(검인계약서)를 작성하여 소유권이전등기를 할 때 실제 계약일과 검인계약서상에 매매계약일이 상이하고 검인계약서상 계약일 이전에 건물이 멸실된 경우에는 매도자가 자진 철거하고 나대지만 양도한 것으로 보아 비과세를 적용받을 수 없다. 따라서 실제 매매계약일이 주택의 멸실 이전에 이루어진 사실을 입증(실제 철거일을 입증할 수 있는 공사관련 증빙과 대금 지급일자 입증자료)하고 매수자 책임하에 주택이 멸실되었음을 입증하여야 비과세 적용을 받을 수 있다.

사례 99 주택을 양도한 후 전 배우자로부터 재산분할로 주택을 이전받은 경우

Q 배우자와 이혼 후 본인 명의로 1주택(A주택)만 보유한 상태에서 해당 주택을 양도한 다음, 이혼에 따른 재산분할을 원인으로 전 배우자로부터 다른 주택(B주택)을 이전받은 경우 당초 양도한 주택(A주택)은 1세대 1주택 비과세를 적용받을 수 있는지요?

A 재산분할로 소유권 이전한 B주택은 A주택 양도일 현재 신청인 소유 주택으로 보아 A주택 양도에 대하여 1세대 1주택 비과세 여부를 판정하는 것으로, A주택 양도는 해당 규정에 따른 1세대 1주택 비과세 대상에 해당하지 아니하는 것이다. 재산분할로 취득한 주택의 취득시기는 재산분할을 원인으로 소유권을 이전받은 때가 아니라 이전한 배우자가 최초 취득한 시점이므로 A주택 양도 당시 B주택 명의가 비록 전 배우자에게 있었더라도 B주택이 재산분할된 자산인 이상, 신청인의 B주택 취득시기는 등기부상 신청인에게 이전된 날이 아니라 전 배우자 명의로 최초 취득한 날이 되는바, A주택 양도 당시 신청인은 1세대 2주택으로 보아야 하기 때문에 비과세 적용을 받을 수 없게 된다.

사례 100 아파트 1층을 민간어린이집으로 사용

Q 아파트 1층을 민간어린이집으로 사용하면 주택에 해당하나요?

A 장기간 주거용으로 사용되지 않았다 하더라도 언제든지 본래의 용도인 주거용으로 사용할 수 있는 상태에 있는 경우에는 이를 주택으로 보아 1세대 1주택 비과세 여부를 판단한다.

3 1세대 1주택 특례 – 비과세 요건을 충족

(1) 주거이전을 목적으로 인한 2주택

국내에 1주택을 소유한 1세대가 종전의 주택을 양도하기 전에 신규주택을 취득(자기가 건설하여 취득한 경우를 포함한다)함으로써 일시적으로 2주택이 된 경우 종전의 주택을 취득한 날부터 1년 이상이 지난 후 신규주택을 취득하고 종전주택을 신규주택을 취득한 날부터 3년 이내에 양도하는 경우에는 이를 1세대 1주택으로 보아 비과세를 적용한다. 신규주택과 종전주택 모두 조정대상지역에 존재하는 경우라도 신규주택을 취득한 날부터 3년 이내에 양도하는 경우에는 이를 1세대 1주택으로 보아 비과세를 적용한다.

구분	2018년 9월 13일~2019년 12월 16일 내 취득	2019년 12월 17일 이후 취득	2022년 5월 10일 이후 취득	2023년 2월 28일 이후 취득
처분기간	2년	1년	2년	3년
전입의무	–	–	1년, 부득이한 경우 2년	–
경과규정	대책발표 전에 계약한 경우 종전 규정을 적용함			

사례 101 일시적 2주택 비과세 특례요건

Q 한누리씨는 2020.12월 A주택(종전주택)을 취득·보유하다가 2021.11월 B주택(신규주택)을 취득하고 2024.1월 A주택(종전주택)을 양도하는 경우 비과세 특례를 적용받을 수 있는지요?

A 1세대 1주택자가 신규주택을 취득한 경우, ① 종전주택을 취득한 날부터 1년 이상이 지난 후 신규주택을 취득하고 ② 신규주택을 취득한 날부터 3년 이내에 종전주택을 양도하는 경우 일시적 2주택 비과세 특례가 적용된다.

따라서, 한누리씨는 A주택(종전주택)을 취득한 날부터 1년 이상이 지나기 전에 B주택(신규주택)을 취득하였으므로 일시적 2주택 비과세를 적용받을 수 없다.

일시적 2주택 비과세 특례는 위 요건에서 정한 기한을 충족하여야 하고, 그 기한을 지키지 못하면 비과세를 적용받지 못할 수 있으므로 신규주택을 취득하기 전부터 미리 계획을 세우고, 계획된 일정에 따라 주택을 취득·양도하는 것이 매우 중요하다.

사례 102 재산분할로 취득한 주택을 양도하는 경우 거주요건 적용 여부

Q 거주요건이 없는 부부 공동명의 주택을 소유한 1세대가 협의이혼에 따른 재산분할로 부인 단독 명의로 변경한 경우 2년 이상 거주요건을 충족해야 1세대 1주택 비과세가 가능한가요?

- 2019년 3월 19일 남편 인천 서구 아파트 분양권 취득 계약
    * 계약금 지급일 현재 무주택 세대에 해당
- 2019년 5월 28일 아파트 분양권 부부 공동명의로 변경
- 2020년 6월 19일 조정대상지역으로 지정
- 2022년 11월 29일 아파트 취득(잔금 완납)
- 2024년 4월 1일 협의이혼에 따른 재산분할로 남편 1/2지분 부인에게 소유권이전

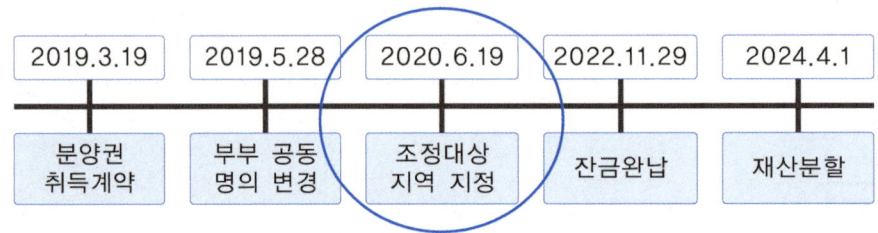

[A] 계약금 지급일 현재 무주택 세대가 조정대상지역 공고일 이전에 매매계약을 체결하고 계약금을 지급한 사실이 증빙서류에 의해 확인되는 주택을 보유한 상태에서 이혼하는 경우로서, 일방 당사자가 혼인 후 부부공동의 노력으로 취득한 부부 공동명의 주택에 대한 재산분할청구권의 행사에 따라 타방 당사자 지분을 취득한 후 당해 주택을 양도하는 경우「소득세법 시행령」제154조 제1항의 거주요건을 적용하지 않는 것이다. 다만, 이 경우 재산분할청구권의 행사에 따라 취득한 것인지, 이혼 위자료로 취득한 것인지는 판결문의 내용, 이혼에 이르게 된 경위 등을 확인하여 사실 판단할 사항이다.

사례 103 일시적 2주택 비과세

[Q] 별도의 세대인 자녀에게 주택을 부담부증여하는 경우 일시적 2주택 비과세 특례적용이 가능한지요?

- 2020년 3월 20일 A주택 취득
- 2022년 5월 30일 B주택 취득
- 2024년 3월 15일 A주택 자녀에게 부담부증여

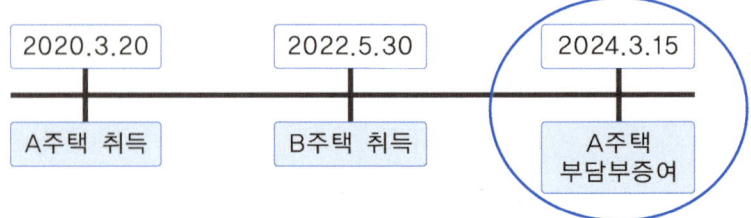

A 1세대가 신규주택 B를 추가로 취득하여 2주택이 된 상태에서 일시적 2주택 비과세 요건을 충족한 종전주택을 별도 세대원인 자녀에게 부담부증여한 경우에도 양도로 보는 채무부분에 대하여는 일시적 2주택 비과세 규정을 적용받을 수 있다.

사례 104 용도변경된 경우 일시적 2주택 해당여부

Q 상가 B를 주택 B로 용도 변경할 경우 다가구주택 C를 신축한 날로부터 3년 내에 주택 B를 양도하면 일시적 2주택이 적용되는지요?

- 2010.10.17.   대구 수성구 소재 단독주택 A 취득
- 2014.11.12.   대구 달서구 소재 단독주택 B 취득
- 2020.04.08.   단독주택 B 상가 B로 용도변경
- 2022.12.20.   단독주택 A 양도(1세대 1주택 비과세 신고 및 결정)
- 2023.12.20.   대구 남구 소재 대지 C 취득
- 2025.07.18.   대지 C 지상에 다가구주택 C 신축

A 1세대 1주택이던 자가 소유하던 상가를 용도 변경하여 주택으로 사용하는 때에는 주택으로 용도변경한 때에 다른 주택을 취득한 것으로 보아「소득세법 시행령」제155조 제1항의 일시적인 1세대 2주택 비과세 특례를 적용하는 것이다.

사례 105 1주택 보유세대가 1+1 형태 조합원입주권 승계취득시 특례 적용 여부

Q 아래 사례와 같이 종전주택 1개를 소유한 1세대가 1+1 형태의 조합원입주권으로 2채의 주택을 공급받은 후에 종전주택을 양도하는 경우 일시적 1주택 및 1입주권 비과세 특례를 적용할 수 있나요?

- 2016년 10월   경기 안양 소재 A주택 취득
- 2017년 6월   경기 성남 소재 재건축사업 조합원입주권(1 + 1) 승계취득
- 2023년 7월   조합원입주권으로 완공된 C, D주택 취득 예정
- 2024년 10월   A주택 양도 예정

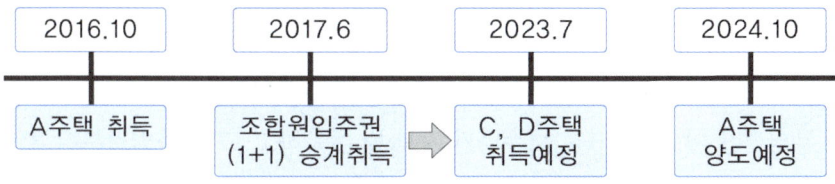

[A] 국내에 1주택(종전주택)을 소유한 1세대가 「도시 및 주거환경정비법」에 따른 조합원입주권 2개(1개의 주택이 「도시 및 주거환경정비법」에 의해 2개의 조합원입주권으로 전환된 경우)를 승계취득하여 준공된 2개의 신규주택을 취득한 후 종전주택을 양도하는 경우에는 3주택을 소유한 자가 그 중 1주택을 양도하는 것으로 「소득세법 시행령」 제156조의2 제4항에 따른 1세대 1주택 특례를 적용받을 수 없다.

사례 106 2주택 상속받은 후 1주택 양도하고 새로운 주택 취득한 경우

[Q] 무주택자가 2주택 상속받은 후 1주택 양도하고 1세대 1주택인 상태에서 새로운 주택 취득함으로써 일시적 2주택이 된 경우 일시적 2주택 비과세 특례를 적용받을 수 있나요? (새로 취득한 주택은 조정대상지역 이외에 소재함)

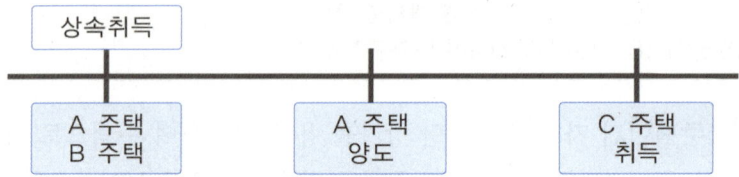

[A] 무주택 세대가 2주택을 상속받아 피상속인의 소유기간이 가장 긴 1주택을 먼저 양도하고 1세대 1주택인 상태에서 새로운 주택을 취득함으로써 일시적 2주택이 된 경우 새로운 주택을 취득한 날로부터 3년 이내에 종전주택을 양도하는 경우에는 이를 1세대 1주택으로 보아 양도소득세 비과세를 적용받을 수 있다.

사례 107 거주자의 형제자매의 배우자가 1세대의 범위에 포함되는지 여부

[Q] 1주택을 보유하는 거주자(30세 이상)가 무주택자인 누나 및 1주택자인 매형과 함께 거주하던 중 누나가 신규주택을 취득하였고, 그 취득일로부터 3년 이내 거주자가 종전주택을 양도한 경우 1세대 1주택 비과세 적용이 가능한지요?

[A] 1주택을 보유하는 30세 이상인 거주자가 누나 및 그 누나의 배우자(매형)로서 1주택을 보유하고 있는 자와 생계를 같이 하는 경우로서 형제자매의 배우자는 가족의 범위에 포함되지 않으므로 매형이 주택을 보유하고 있더라도 거주자가 주택을 취득한 날로부터 1년 이상이 지난 후 누나가 주택을 취득하고 그 취득일로부터 3년 이내에 양도하는 거주자의 주택은 1세대 1주택 비과세 특례를 적용받을 수 있는 것이다.

(2) 상속으로 인한 2주택

① **일반주택을 먼저 양도**: 상속받은 주택과 그 밖의 주택(상속개시일부터 소급하여 2년 이내에 피상속인으로부터 증여받은 주택 또는 증여받은 조합원입주권에 의하여 사업시행 완료 후 취득한 신축주택은 제외한다)을 국내에 각각 1개씩 소유하고 있는 1세대가 일반주택을 양도하는 경우에는 국내에 1개의 주택을 소유하고 있는 것으로 보아 비과세를 적용한다.

② **상속주택을 먼저 양도**: 2주택 중 1주택 양도로 보아 양도소득세를 과세한다.

> **참고** 피상속인이 상속개시 당시 두 채 이상의 주택을 소유한 경우 상속주택의 판정 순서

상속개시 당시 피상속인이 2주택 이상 보유한 경우	공동상속주택
1. 피상속인이 소유한 기간이 가장 긴 1주택 2. 피상속인이 거주한 기간이 가장 긴 1주택 3. 피상속인이 상속개시 당시 거주한 1주택 4. 기준시가가 가장 높은 1주택(기준시가가 같은 경우는 상속인이 선택)	1. 상속인 중 상속지분이 가장 큰 상속인 2. 상속인 중 당해 주택에 거주하는 자 3. 상속인 중 최연장자

사례 108 주택을 상속받아 2주택인 상태에서 새로운 주택을 취득한 경우

Q 주택을 상속받아 2주택인 상태에서 새로운 주택을 취득하여 3주택이 된 경우라도 상속주택이 아닌 종전의 주택을 양도하는 경우 일시적 2주택 비과세 특례를 적용받을 수 있나요?

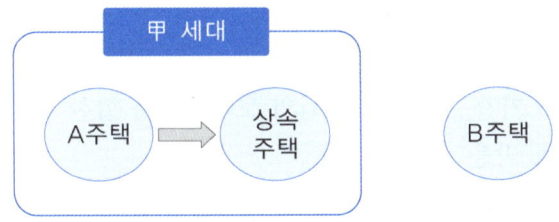

A 국내에 1세대 1주택을 소유한 거주자가 상속주택을 취득하여 1세대 2주택이 된 상태에서 상속주택이 아닌 종전주택을 취득한 날로부터 1년 이상 지난 후 새로운 주택을 취득함으로써 1세대 3주택이 된 경우 새로운 주택을 취득한 날로부터 3년 이내에 상속주택이 아닌 종전의 주택을 양도하는 경우에는 1세대 1주택의 양도로 보아 비과세 특례규정을 적용한다.

사례 109 주택을 상속받은 후 다른 주택을 취득·양도

Q 장세종씨는 2017년 1월 부친(1주택자)의 사망으로 A주택을 상속받은 후 2021년 1월 10일 7억원에 B주택을 취득하여 보유하다가 2025년 7월 20일 B주택을 11억원에 양도하였습니다. 이 경우 1세대 1주택 비과세 특례가 적용되는지요?

A 상속개시 당시 이미 일반주택을 보유하고 있는 1세대가 주택을 상속받은 후 일반주택을 양도하는 경우 1세대 1주택 비과세 특례가 적용된다. 따라서 장세종씨는 상속개시 이후 취득한 주택을 양도하였으므로 상속주택 특례를 적용받을 수 없다. 상속개시일 전에 보유한 주택을 양도하는 경우에 상속주택 특례 적용이 가능하지만, 상속주택보다 나중에 취득한 주택의 경우에는 상속주택 비과세 특례를 적용받을 수 없게 된다.

사례 110 무주택자가 상속주택을 받은 경우

Q 무주택자가 부모님으로부터 국내소재 1주택을 상속받고 상속주택을 상속개시일로부터 2년 이상 보유 후 양도하는 경우 비과세 받을 수 있나요?

A 상속받은 국내소재 주택을 상속개시일로부터 2년 이상 보유 후 양도하면 비과세 혜택을 받을 수 있다. 다만, 무주택자인 자녀가 피상속인과 동일 세대원인 경우에는 동일세대인 기간 동안의 부모님의 보유기간을 합산하여 2년 이상 보유한 경우라면 비과세를 받을 수 있다.

사례 111 상속주택의 판정

Q 부친이 사망하면서 형과 동생은 각각 1주택씩 상속받아 각각 1세대 2주택이 되었다. 형은 부친이 20년간 소유한 주택(기준시가 10억원)을, 동생은 10년간 소유한 주택(기준시가 15억원)을 상속받았습니다. 이들 형제가 상속받은 주택을 먼저 양도하는 경우 과세가 되겠지만, 본인들이 소유하는 주택을 먼저 양도하는 경우 형과 동생 중 누가 비과세를 받을 수 있나요?

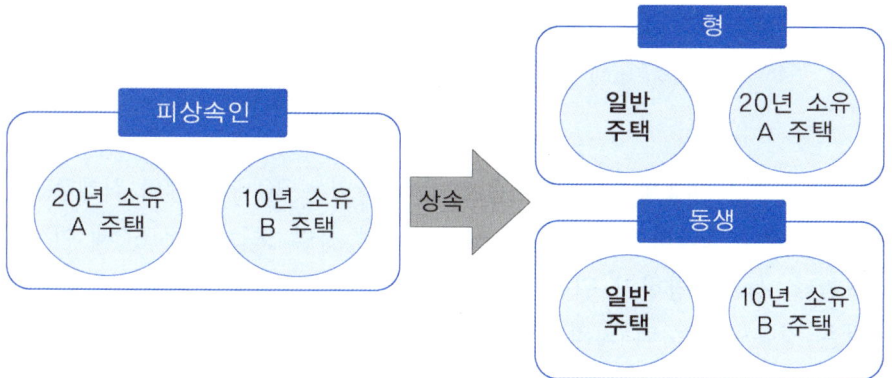

A> 피상속인의 주택 중 소유한 기간이 가장 오래된 것 1채(형이 상속받은 주택)만 상속주택의 특례를 적용받는다. 따라서 형이 자신의 일반주택을 양도하는 경우 1주택의 양도로 보아 일반주택이 비과세 요건을 충족한 경우 비과세 혜택을 받게 된다. 그러나 동생은 피상속인의 주택 중 소유한 기간이 더 짧은 주택을 상속받아 자신의 일반주택을 양도하는 경우 1세대 2주택이 되어 비과세 혜택을 받을 수 없게 된다.

상속주택 특례규정은 피상속인이 상속개시 당시 2주택 이상을 소유한 경우라도 아래 순위에 따른 1주택만 상속주택 비과세 특례를 적용받기 때문에 피상속인이 소유한 기간이 가장 긴 1주택을 상속받은 형이 상속주택에 대한 특례를 적용받게 되고 동생은 상속주택에 대한 특례를 적용받지 못하게 된다.

① 피상속인이 소유한 기간이 가장 긴 1주택
② 소유기간이 같을 경우에는 피상속인이 거주한 기간이 긴 1주택
③ 그것도 같은 경우에는 상속개시 당시 피상속인이 거주한 주택
④ 거주한 사실이 없는 경우에는 기준시가가 가장 높은 1주택
⑤ 기준시가가 같은 경우에는 상속인이 선택하는 1주택

사례 112 동거봉양 합가 후 같은 세대원으로부터 상속받은 주택에 대한 비과세 특례

Q> 1주택을 보유한 1세대가 1주택을 보유하고 있는 60세 이상의 직계존속(배우자의 직계존속을 포함하며, 직계존속 중 어느 한 사람 또는 모두 60세 이상인 경우를 포함)을 동거봉양하기 위하여 세대를 합친 후 직계존속의 사망으로 주택을 상속받은 경우 상속주택 외의 주택을 양도할 때에 해당 상속주택은 비과세 특례를 받을 수 있나요?

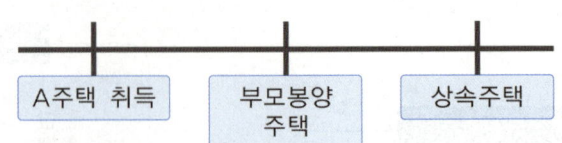

A> 1주택을 보유한 1세대가 1주택을 보유하고 있는 60세 이상의 직계존속(배우자의 직계존속을 포함하며, 직계존속 중 어느 한 사람 또는 모두 60세 이상인 경우를 포함)을 동거봉양하기 위하여 세대를 합친 후 직계존속의 사망으로 주택을 상속 받은 경우 상속주택 외의 주택을 양도할 때에 비과세 특례를 적용한다.

사례 113 공동상속주택과 일반주택

Q> 공동상속주택(지분이 가장 큰 상속인 이외의 자)과 일반주택(비과세 요건 충족)을 소유한 경우 일반주택 양도시 비과세를 받을 수 있나요?

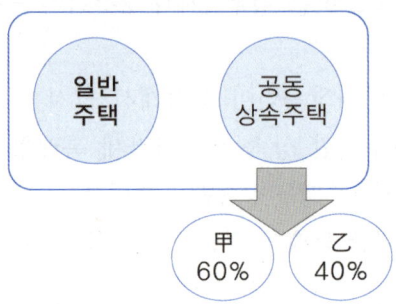

A> 상속으로 인하여 여러 사람이 1주택을 공동으로 소유하게 된 경우에는 지분이 가장 큰 상속인을 해당 주택의 소유자로 보아 1세대 2주택으로 판정하므로 지분이 가장 큰 상속인 이외의 자가 소유한 지분주택은 주택으로 보지 않는다.

이에 따라 지분이 가장 큰 상속인 이외의 자가 지분주택(상속주택)과 1개의 일반주택을 소유한 경우에는 1개의 일반주택만 가지고 2년 보유 여부를 따져 양도소득세 비과세 해당 여부를 판정하게 되므로 비과세 조건 충족한 일반주택을 양도시 비과세 받을 수 있다.

만일 상속지분이 같은 경우에는 다음의 순서에 의해 공동상속주택의 소유자로 본다.

① 해당 주택에 거주하는 상속인
② 최연장자

사례 114 공동으로 상속받은 주택을 1인이 소유한 경우

Q 공동으로 상속받은 주택을 소유지분이 가장 큰 상속인이 아닌 상속인이 다른 상속인의 지분을 취득해 공동으로 상속받은 주택을 단독소유로 소유한 경우 해당 주택은 비과세 특례규정이 적용되는 공동상속주택으로 보나요?

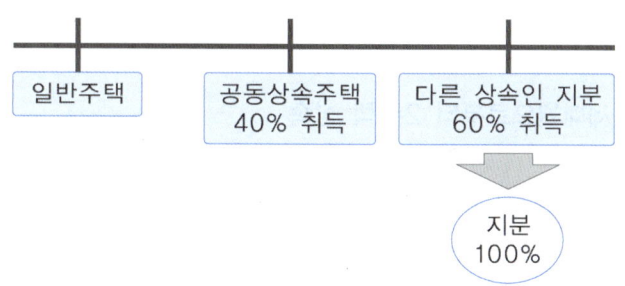

A 공동으로 주택을 상속받은 이후 소유지분이 가장 큰 상속인이 아닌 상속인이 다른 상속인의 소유 지분을 추가로 취득해 공동으로 상속받은 주택을 단독으로 소유한 경우 해당 주택은 비과세 특례규정이 적용되는 공동상속주택으로 보지 아니한다. 지분이 가장 큰 상속인이 아닌 상속인이 다른 상속인의 지분을 취득하여 단독소유로 된 경우라도 비과세 특례가 적용되는 공동상속주택이 아닌 일반주택으로 본다.

사례 115 상속주택을 멸실하고 상속받은 자 외 명의로 신축한 경우 신축한 주택의 상속주택 여부

Q 별도 세대인 모친으로부터 상속받은 주택을 멸실 후 배우자의 명의로 주택을 신축한 경우, 「소득세법 시행령」 제155조 제2항에 따른 상속주택에 해당하나요? 그리고 「소득세법 시행령」 제155조 제2항의 상속주택에 해당하지 않을 경우, 상속인이 다시 배우자로부터 수증받으면 「소득세법 시행령」 제155조 제2항의 상속주택에 해당하나요?

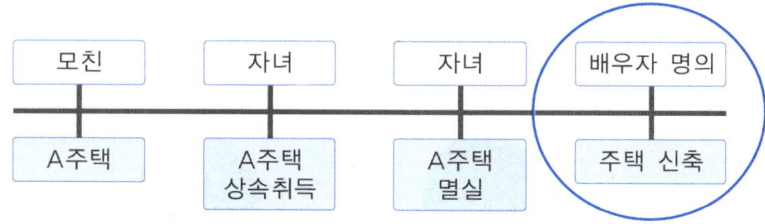

A⟩ 「소득세법 시행령」 제155조 제2항의 상속받은 주택을 멸실하고 새로운 주택을 상속인의 배우자 명의로 신축한 경우 그 새로운 주택은 같은 항의 상속받은 주택에 해당하지 않는다.
또한, 배우자의 명의로 신축한 새로운 주택을 다시 상속인에게 증여한 경우에도 상속받은 주택에 해당하지 않는다.

사례 116 동일 세대원으로부터 2주택 상속

Q⟩ 무주택자인 거주자가 동일 세대원으로부터 국내소재 2주택을 상속받고 그중 1주택을 먼저 양도하는 경우 상속으로 인한 1세대 1주택 특례는 적용 가능한가요?

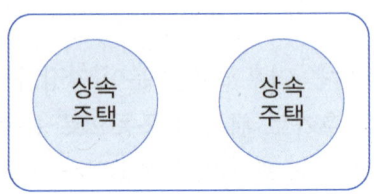

A⟩ 무주택자인 거주자가 동일 세대원으로부터 상속받은 주택이 2주택인 경우로서 먼저 양도하는 주택은 상속으로 인한 1세대 1주택 특례는 적용되지 않기 때문에 양도소득세가 과세되고 나중에 양도하는 주택은 보유기간이 2년 이상인 경우 비과세를 받을 수 있다.

사례 117 장모가 상속주택을 취득한 후 합가한 경우

Q⟩ 별도 세대였던 장모(만 80세)가 상속주택을 취득(1주택 소유)한 후 합가하여 사위(1주택 소유)가 일반주택을 양도(비과세 요건 충족)한 경우 상속으로 인한 1세대 2주택 특례는 적용 가능한가요?

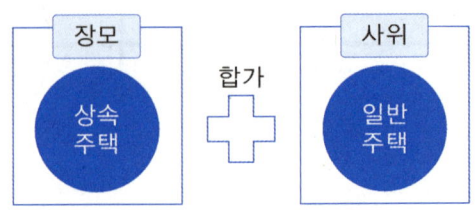

A 별도 세대였던 장모가 상속주택을 취득한 후 사위와 합가함에 따라 청구인 세대가 1세대 2주택이 된 것이므로 상속으로 인한 1세대 1주택 비과세 특례는 적용되지 않는다. 그러나 직계존속의 동거봉양으로 인한 비과세 특례는 가능하게 된다. 합가한 날로부터 10년 이내에 양도하는 경우 봉양으로 인한 1세대 1주택 비과세 특례는 적용된다.

사례 118 상속받은 주택을 배우자에게 증여한 경우

Q 상속받은 주택을 배우자에게 증여한 경우 상속주택으로 인정되나요?

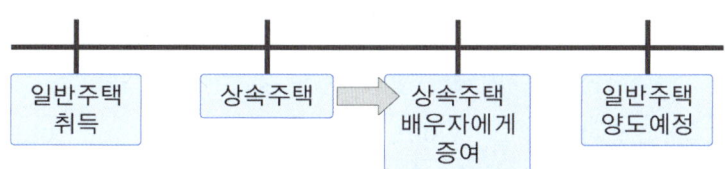

A 거주자가 상속받은 주택(A)과 그 밖의 주택(B)을 국내에 각각 1개씩 소유하다가 상속받은 주택(A)을 배우자에게 증여하고 그 밖의 주택(B)을 양도하는 경우 배우자에게 증여한 주택은 상속주택의 규정이 적용되지 않는다. 즉, 상속받은 주택(A)을 증여하게 되면 상속주택이 아닌 일반주택이 되어 비과세 특례를 받을 수 없게 된다.

사례 119 상속으로 인해 2주택

Q 甲은 1주택을 취득하여 1년 6개월간 보유하던 중 부친의 사망으로 부친이 소유하던 주택을 상속받고 상속받은 주택에서 거주하려고 종전의 주택을 먼저 양도했습니다. 그러나 甲의 사업 실패로 상속받은 주택도 상속개시일로부터 1년 만에 양도했는데 이에 대해 세무서에서 이 두 개의 주택 모두에 대해 양도소득세를 부과하였습니다. 이것은 타당한 것인가요?

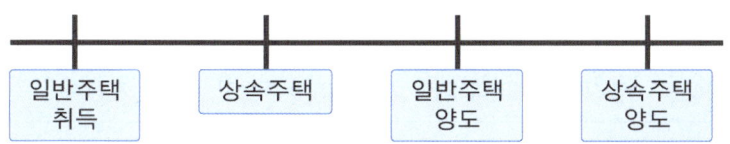

A 상속으로 인해 2주택이 된 경우 일반주택을 먼저 양도하면 1주택의 양도로 보아 비과세를 인정해 주는데 이 경우도 2년 보유기간을 충족해야 한다. 일반주택의 경우 2년 보유를 하지 못해 양도소득세가 과세된다.

상속주택을 다시 양도하는 경우라도 상속개시일로부터 양도일까지 2년 보유 기간을 충족하여야 하는데 1년 보유하고 양도했기 때문에 상속주택 양도시에도 양도소득세가 과세된다.

사례 120 남편이 父로부터 상속받은 후 아내가 재차 상속받은 경우

Q 남편이 父로부터 상속받은 후 아내가 재차 상속받은 경우에는 비과세 특례규정이 적용되나요?

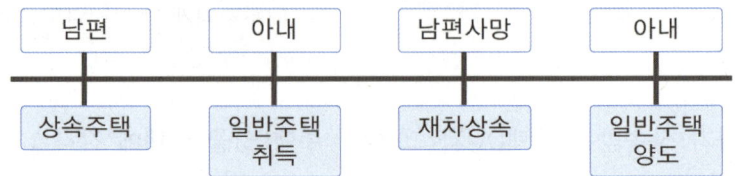

A 남편이 동일 세대원이 아닌 父로부터 1주택을 상속받고, 아내가 1주택을 취득하여 1세대 2주택인 상태에서 남편의 사망으로 남편 소유의 상속주택을 동일 세대원인 아내가 다시 상속받은 후 일반주택을 양도하는 경우 일반주택만을 소유하고 있는 것으로 보아 1세대 1주택 비과세 여부를 판정한다.

사례 121 공동상속주택의 소수지분자가 나머지 지분을 재상속 후 일반주택 양도

Q 공동상속주택의 소수지분자가 다른 공동상속인의 상속지분을 재상속 후 보유하고 있던 일반주택을 양도시 1세대 1주택 비과세 여부를 적용받을 수 있나요?

- 2020년 8월 병(丙: 상속지분 40%)은 피상속인 갑(甲: 父)으로부터 A주택(서울 소재)을 병(丙)의 어머니(乙: 상속지분 60%)와 공동상속
- 상속개시 당시 피상속인 甲과 乙은 동일 세대, 丙은 별도 세대
- 2021년 8월 丙은 '경기 성남' 소재 B주택 취득
- 2024년 3월 丙은 어머니 乙이 사망하여 A주택의 지분을 재상속

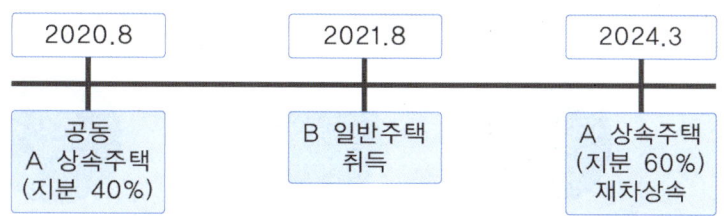

A 무주택인 상속인이 별도 세대원인 피상속인으로부터 공동상속주택의 소수지분을 상속받은 이후에 일반주택을 취득하고, 다른 상속인의 공동상속주택 나머지 지분을 재상속 받아 단독소유하게 된 경우로써, 나머지 지분을 상속받은 날 현재 보유하고 있는 그 일반주택을 양도하는 경우「소득세법 시행령」에 따라 국내에 1개의 주택을 소유한 것으로 보아 비과세 적용 여부를 판단한다.
공동상속주택의 소수지분을 상속받은 경우에는 주택으로 보지 않기 때문에 1주택을 보유하다 양도한 것으로 보아 비과세를 적용하게 된다.

(3) 직계존속의 동거봉양을 위한 2주택

주택을 보유하고 있는 60세 이상의 직계존속을 동거봉양하기 위하여 세대를 합침으로써 1세대가 2주택을 보유하게 되는 경우 합친 날부터 10년 이내에 먼저 양도하는 주택은 이를 1세대 1주택으로 보아 비과세 규정을 적용한다.

① 60세 이상의 직계존속(배우자의 직계존속을 포함하며, 직계존속 중 어느 한 사람이 60세 미만인 경우를 포함한다)

②「국민건강보험법 시행령」별표 2에 따른 요양급여를 받는 60세 미만의 직계존속(배우자의 직계존속을 포함한다)으로서 기획재정부령으로 정하는 사람(중증질환자, 희귀난치성질환자, 결핵환자 산정특례대상자로 등록되거나 재등록된 자)

사례 122 일시적 2주택자가 봉양으로 3주택이 된 경우

Q 1주택자가 새로운 주택(B주택)을 구입하여 이사를 가는 경우에는 새로운 주택(B주택)을 취득한 날로부터 3년 이내에 종전주택(A주택)을 양도하면 비과세 혜택을 받는데 비과세를 받을 수 있는 기한 내에 혼인이나 직계존속의 봉양을 위해 집을 합친 경우 1세대 3주택이 됩니다. 이 경우도 비과세가 가능한가요?

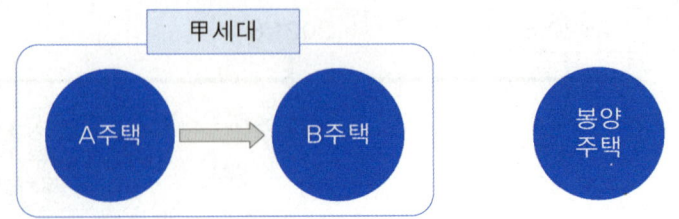

A 국내에 1세대 1주택(A주택)을 소유한 거주자가 그 주택(A주택)을 양도하기 전에 새로운 주택(B주택)을 취득하여 일시적 2주택을 소유하고 있던 중 혼인 또는 직계존속을 봉양하기 위하여 세대를 합침으로써 1세대 3주택이 된 경우 새로운 주택(B주택) 취득일로부터 3년 이내에 종전주택(A주택)을 양도하는 경우에는 1세대 1주택의 양도로 보아 양도소득세를 비과세 받을 수 있다.

사례 123 합가한 후 분가하였다가 다시 합가한 경우의 기산일

Q 직계존속과 합가한 후 분가하였다가 다시 직계존속과 합가한 경우 합친 날로부터 10년을 적용할 때 기산일은 언제부터인가요?

A 세대가 다른 1주택을 가진 아들과 1주택을 가진 직계존속이 세대를 합했다가 다시 분가한 후 다시 직계존속과 세대를 합친 경우에는 그 최종 합친 날로부터 10년 이내에 비과세 요건을 갖춘 1주택을 양도하는 경우에는 직계존속 봉양합가의 1세대 1주택 특례규정이 적용된다.

사례 124 동거봉양 합가 후 같은 세대원으로부터 상속받은 주택에 대한 비과세 특례

Q 동거봉양 합가 후 같은 세대원으로부터 상속받은 주택은 비과세 특례를 적용받는 상속주택에 해당하나요?

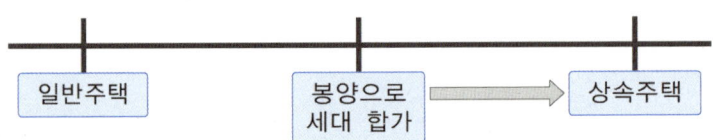

A 1주택을 보유한 1세대가 1주택을 보유하고 있는 60세 이상의 직계존속(배우자의 직계존속을 포함하며, 직계존속 중 어느 한 사람 또는 모두 60세 이상인 경우를 포함)을 동거봉양하기 위하여 세대를 합친 후 직계존속의 사망으로 주택을 상속받은 경우 상속주택 외의 주택을 양도할 때에 해당 상속주택은 비과세 특례를 받는 상속주택으로 보아 일반주택이 비과세요건을 충족하는 경우 양도소득세 비과세 적용을 받을 수 있다.

사례 125 동거봉양 후 근무상 형편이 된 경우

Q 동거봉양 후 근무상 형편이 된 경우에도 노부모 봉양합가의 1세대 1주택 특례규정이 적용되나요?

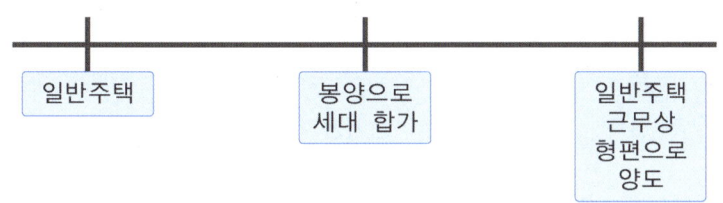

A 1세대를 보유하고 있는 甲세대가 1주택을 보유하고 있는 직계존속을 동거봉양하기 위하여 세대를 합침으로써 1세대가 2주택을 보유하게 된 후, 甲의 근무상 형편으로 인한 부득이한 사유로 주거를 이전하기 위하여 甲이 1년 이상 거주한 주택을 그 합친 날로부터 10년 이내에 먼저 양도하는 해당 주택에 대하여는 동거봉양 및 근무 등 부득이한 사유의 비과세 특례규정을 적용할 수 있다.

사례 126 직계존속을 동거봉양하는 직계비속이 보유한 일반주택의 비과세 여부

Q 일반주택과 농어촌주택 등을 보유한 직계존속을 동거봉양하는 직계비속이 보유한 일반주택은 비과세를 받을 수 있나요?

A 「조세특례제한법」 제99조의4 제1항의 과세특례요건을 모두 갖춘 농어촌주택 등과 일반주택을 보유하는 직계존속이 구성하는 세대와 1주택을 보유하는 직계비속이 구성하는 세대가 「소득세법 시행령」 제155조 제4항에 따라 동거봉양 합가하는 경우, 직계비속 세대가 합가 전부터 보유하던 1주택을 합가일부터 10년 이내에 양도하는 경우 이를 1세대 1주택으로 보아 비과세를 적용한다.

사례 **127** 1주택자가 동거봉양 합가 후 분양권을 취득하고 종전주택을 양도하는 경우

Q 1주택자(A)가 직계존속인 1주택자(B)와 동거봉양 합가함으로써 1세대 2주택(A, B)이 된 상태에서 종전주택을 취득한 날부터 1년 이상 지난 후에 분양권(C)을 취득하고 그 분양권(C)을 취득한 날부터 3년 이내에, 그리고 합가일부터 10년 이내에 종전주택을 양도하는 경우 이를 1세대 1주택으로 보아 비과세를 적용할 수 있나요?

- 1982년 3월 甲(60세 이상)A주택(경북 포항 소재) 취득
- 2014년 10월 乙(甲의 자녀) B주택(대구 동구 소재) 취득
- 2017년 6월 甲·乙 동거봉양 합가
- 2022년 7월 C분양권(경북 포항 소재) 취득
- 2024년 10월 乙 B주택 양도 예정

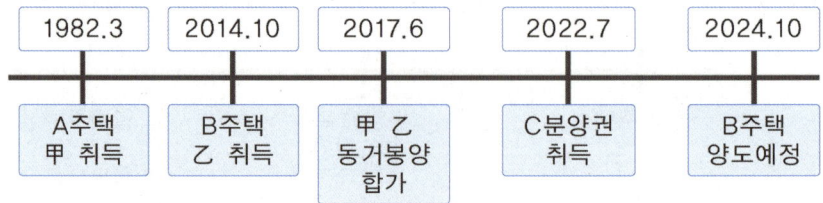

A 국내에 1주택을 보유하는 1세대가 1주택을 보유하는 60세 이상의 직계존속을 동거봉양하기 위하여 세대를 합침으로써 1세대 2주택이 된 상태에서 종전주택을 취득한 날부터 1년 이상 지난 후 2021년 1월 1일 이후 분양권을 취득하는 경우로서 분양권을 취득한 날부터 3년 이내에 그리고 세대 합가일부터 10년 이내에 합가 전 보유하던 종전주택을 양도할 때에는 1세대 1주택으로 보아 비과세를 적용한다.

사례 **128** 1세대 2주택자가 동거봉양 합가한 경우

Q 1세대 2주택자가 동거봉양 합가한 경우에도 직계존속 봉양합가의 1세대 1주택 특례규정이 적용되나요?

A 1세대 2주택자인 직계비속이 1주택을 보유한 직계존속을 봉양하기 위하여 세대를 합친 경우에는 비과세 특례규정에 해당하지 아니하여 먼저 양도하는 주택은 1세대 3주택 중 1주택을 양도한 것으로 보아 양도소득세를 과세한다.

사례 129 동거봉양 전 보유한 조합원입주권으로 취득한 주택에 대한 1세대 1주택 비과세 특례

Q 동거봉양 전 보유한 조합원입주권으로 취득한 주택은 1세대 1주택 비과세 특례규정을 적용받을 수 있나요?

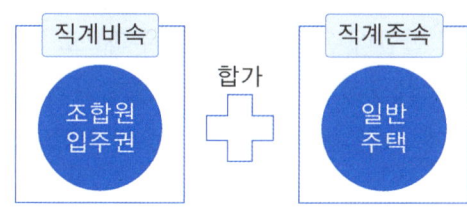

A 동거봉양에 따른 1세대 1주택 비과세 특례대상에 동거봉양 전 보유한 조합원입주권에 의해 취득한 주택을 포함하며, 주택 완공 후 보유기간이 2년 이상이고 동거봉양한 날부터 10년 이내에 양도하는 경우에 한하여 1세대 1주택 비과세 특례규정을 적용한다.

사례 130 동거봉양 합가 후 주택을 증여받은 경우

Q 동거봉양을 위하여 세대를 합가한 경우로서 합가일부터 10년 이내에 해당 직계존속 소유 주택(B주택)을 증여받은 때에는 증여받은 주택(B주택)을 양도하는 경우 동거봉양 합가에 따른 비과세 특례규정이 적용되나요?

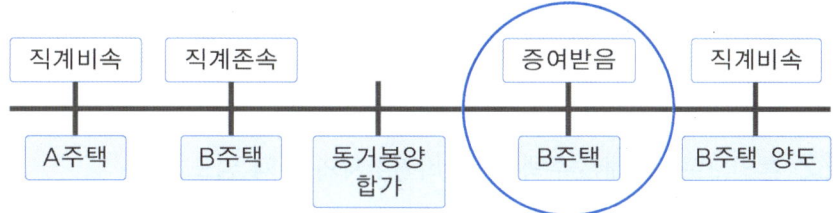

A> 동거봉양을 위하여 세대를 합가한 경우로서 합가일부터 10년 이내에 해당 직계존속 소유 주택(B주택)을 증여받은 때에는 증여받은 주택(B주택)은 동거봉양 합가에 따른 비과세 특례규정이 적용되지 않는다. 즉, 증여받은 B주택을 양도하는 경우 직계비속이 2주택을 소유한 것으로 보아 2주택 중에서 1주택을 양도한 것으로 양도소득세를 과세하게 된다.

(4) 혼인으로 인한 2주택

1주택을 보유하고 있는 자가 1주택을 보유하고 있는 자와 혼인함으로써 1세대가 2주택을 보유하게 되는 경우 그 혼인한 날부터 10년 이내에 먼저 양도하는 주택(비과세요건 충족한 경우에 한한다)은 이를 1세대 1주택으로 보아 비과세 규정을 적용한다. 1세대 1주택 비과세 특례규정이 적용되는 혼인 합가의 혼인한 날은 「가족관계의 등록 등에 관한 법률」에 따라 관할 지방관서에 혼인신고한 날을 말한다.

사례 131 재산분할로 각각 1주택을 보유한 자가 재결합한 경우

Q> 이혼으로 인한 재산분할로 각각 1주택을 보유한 자가 재결합한 경우 혼인으로 인한 1세대 1주택 비과세 특례가 적용되나요?

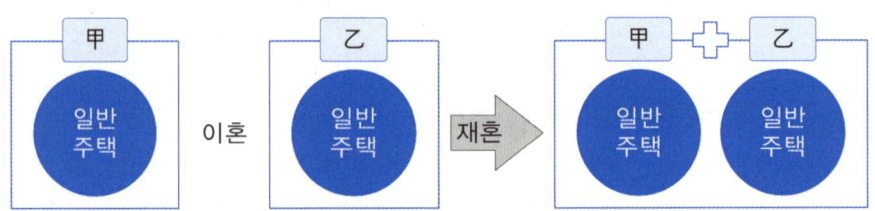

A> 이혼으로 인하여 혼인 중에 형성된 부부 공동재산을 「민법」 제839조의2에 따라 재산분할하여 각각 1주택을 보유하던 쌍방이 다시 재혼한 후 재혼한 날부터 10년 이내에 먼저 양도하는 주택은 1세대 1주택으로 보아 양도소득세를 과세하지 않는다.

사례 132 혼인으로 1세대 2주택이 된 비거주자의 주택 양도

Q> 1주택을 보유한 비거주자가 1주택을 보유하는 자(거주자)와 혼인함으로써 1세대 2주택이 된 상황에서 비거주자인 상태로 비거주자 본인 소유의 1주택을 그 혼인한 날부터 10년 이내에 양도하는 경우 양도소득세를 비과세할 수 있나요?

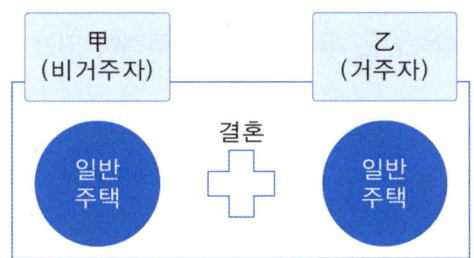

A 1주택을 보유한 비거주자가 1주택을 보유하는 자(거주자)와 혼인함으로써 1세대 2주택이 된 상황에서 비거주자인 상태로 비거주자 본인 소유의 1주택을 그 혼인한 날부터 10년 이내에 양도하는 경우에도 양도소득세를 비과세할 수 없다.

사례 133 일시적 1세대 2주택 중에 혼인 등으로 3주택이 된 경우

Q 일시적 1세대 2주택 중에 혼인 등으로 3주택이 된 경우 혼인으로 인한 1세대 1주택 비과세 특례가 적용되나요?

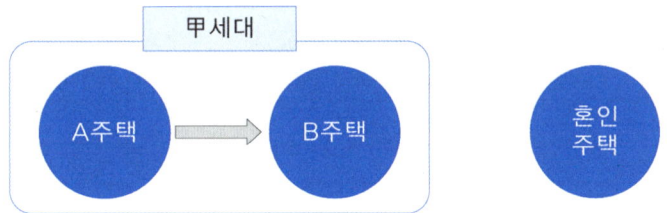

A 국내에 1세대 1주택(A주택)을 소유한 거주자가 그 주택을 양도하기 전에 새로운 주택(B주택)을 취득하여 일시적으로 2주택을 소유하던 혼인으로 세대를 합침으로써 1세대가 3주택을 소유하게 되는 경우 새로운 주택(B주택)을 취득한 날부터 3년 이내에 종전주택(A주택)을 양도하는 경우에는 1세대 1주택의 양도로 보아 양도소득세를 비과세한다.

즉, 일시적 2주택에 대한 비과세 특례를 받을 수 있고, 혼인으로 의한 비과세 특례도 받을 수 있다.

사례 134 1주택을 공동 상속받은 후 재혼으로 2주택이 되는 경우

Q 배우자와 함께 공동으로 아파트를 보유하던 중 배우자의 사망으로 배우자 지분을 (1/2) 동일 세대원인 자녀들과 공동 상속받은 상태에서 재혼으로 인하여 2주택이 된 후 10년 이내에 상속받은 주택을 양도하는 경우 1세대 1주택 비과세에 해당하는지요?

A 동일 세대원인 자녀들과 함께 1주택을 공동으로 상속받은 자가 1주택을 보유하는 자와 혼인함으로써 1세대 2주택이 되는 경우 그 혼인한 날부터 10년 이내에 먼저 양도하는 주택은 1세대 1주택 비과세 특례를 적용받을 수 있다.

사례 135 일반주택, 상속주택, 감면주택 보유자가 일반주택과 상속주택을 같은 날 양도 시 1세대 1주택 비과세 적용 여부

Q 같은 날 양도하는 경우 상속주택(C주택)이 「소득세법 시행령」 제155조 제2항에 따른 상속주택(C주택)으로 보아 일반주택(A주택)을 양도하는 경우 1세대 1주택으로 보아 소득세법 시행령 제154조 제1항을 적용할 수 있나요?

- 2003년 2월 일반주택(A) 취득
- 2010년 12월 감면주택(B) 취득(「조세특례제한법」 제98조의3)
- 2015년 4월 상속주택(C) 취득(소득령 제155조 제2항)
- 2024년 10월 일반주택(A)과 상속주택(C) 같은 날 양도 예정

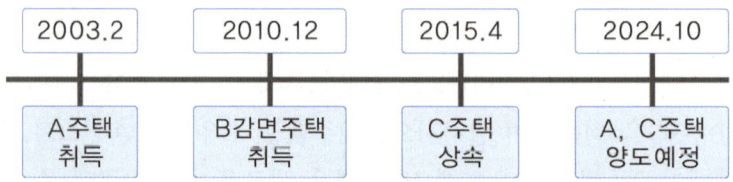

A 일반주택(A주택), 상속주택(C주택), 감면주택(B주택)을 보유한 거주자가 일반주택(A주택)과 상속주택(C주택)을 같은 날 양도하는 경우 감면주택(B주택)은 소유 주택으로 보지 않으므로 특례를 중첩 적용하여 1세대 1주택으로 보아 비과세를 적용하는 것이다. 즉, 2개 이상의 주택을 같은 날에 양도하는 경우에는 당해 거주자가 선택하는 순서에 따라 주택을 양도하는 것으로 보아, 일반주택(A주택)을 먼저 양도하는 것으로 하면 1주택의 양도로 보아 비과세 적용을 받을 수 있다.

사례 136 · 혼인 합가 특례로 1주택을 먼저 양도(비과세)하고 남은 주택을 양도하는 경우 보유기간 기산일

Q 1주택(A)을 보유한 자가 1주택(B)을 보유한 자와 혼인하고 혼인한 날부터 10년 이내 1주택(B)을 양도(비과세)한 후, 나머지 1주택(A)을 양도하는 경우 1세대 1주택 비과세 적용을 위한 보유기간 기산일은 언제부터인가요?

- 2007년 9월 20일   남(男) 서울 A주택 취득
- 2010년 10월 1일   여(女) 부천 B주택 취득
- 2020년 6월 17일   남녀 혼인신고
- 2023년 1월 14일   B주택을 양도(1세대 1주택 비과세)
- 2024년 3월 26일   A주택 양도 예정

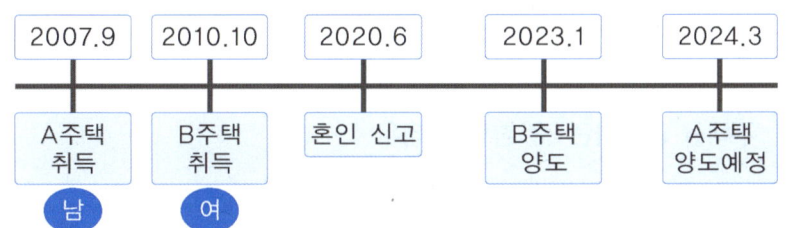

A 1주택(A)을 보유한 자와 1주택(B)을 보유한 자가 혼인함으로써 1세대가 2주택을 보유하게 되는 경우로서 혼인한 날로부터 10년 이내 1주택(B)을 먼저 양도하여 「소득세법 시행령」 제155조 제5항 특례에 따라 1세대 1주택 비과세 적용을 받고, 남은 1채(A)를 양도하는 경우 양도하는 주택(A)의 보유기간은 양도하는 당해 주택의 취득일(2007년 9월)부터 기산한다.

사례 137 · 혼인으로 1주택·1분양권을 보유한 1세대에 대한 비과세 특례 적용 여부

Q 혼인으로 1세대가 2021년 1월 1일 이후 취득한 분양권을 포함하여 1주택·1분양권을 보유한 경우로서 혼인 후 배우자에게 1/2 지분의 분양권을 증여하고 혼인한 날부터 10년 이내에 배우자가 종전주택을 양도하는 경우, 비과세 특례 적용이 가능한가요?

- 2014년   甲 ○○시 소재 주택을 취득 후 재건축하여 2018년 신축주택 (A주택) 취득
- 2021년 3월 1일   乙 ☆☆광역시 △△구 소재 분양권 취득(당첨)
- 2021년 3월 29일   甲과 乙 혼인신고
- 2021년 4월   이후 분양권 지분 1/2을 배우자(甲)에게 증여 예정
- 2024년 5월   분양권이 주택으로 완공되어 B주택 취득 후 A주택 양도 예정

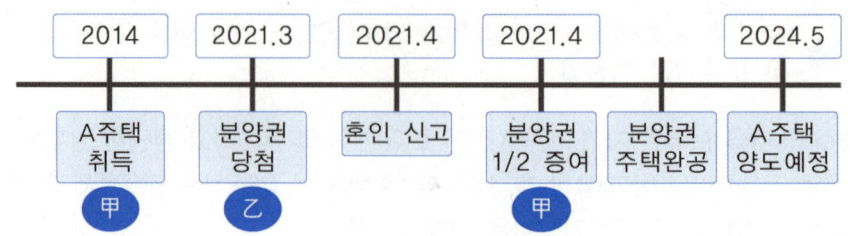

A 1주택을 소유하는 자(甲)가 2021년 1월 1일 이후 취득한 1분양권을 소유하는 자(乙)와 혼인함으로써 1세대가 1주택과 1분양권을 소유하게 된 후 乙이 분양권의 일부 지분(1/2)을 甲에게 증여한 경우로서 혼인한 날부터 10년 이내에 甲이 당초 혼인 전에 소유하던 주택을 양도하는 경우, 1세대 1주택으로 보아 비과세를 적용한다.

사례 138 주택을 공유하던 중 혼인한 경우

Q 甲이 1주택을 소유하고 甲과 乙이 1주택을 공유하던 중 혼인한 경우 혼인으로 인한 1세대 1주택 비과세 특례가 적용되나요?

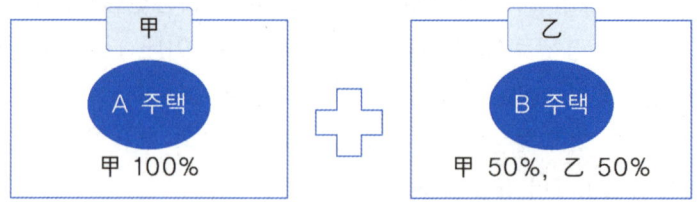

A 甲이 1주택을 소유하고 甲과 乙이 1주택을 공유하던 중 甲과 乙이 혼인하여 甲의 단독소유 주택을 양도한 경우 혼인으로 인한 1세대 2주택 비과세 특례를 적용받을 수 없다.

즉, 甲은 A주택과 B주택(공동명의) 2주택을 소유하고 있고, 乙은 1주택(공동명의 B주택)을 소유하는 것으로 보아 혼인으로 인한 1세대 2주택 비과세 특례를 적용받을 수 없다.

사례 139 혼인 후 같은 세대원에게 양도하는 경우

Q 국내에 1주택(A)을 보유하는 거주자가 1주택(B)을 보유하는 자와 혼인하여 1세대가 2주택을 보유하게 된 상태에서 1주택을 같은 세대원에게 양도하는 경우에는 혼인 합가로 인한 1세대 1주택 비과세 특례가 적용되나요?

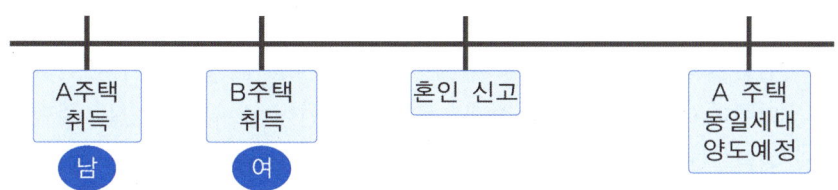

A 국내에 1주택(A)을 보유하는 거주자가 1주택(B)을 보유하는 자와 혼인함으로써 1세대가 2주택을 보유하게 된 상태에서 1주택을 동일 세대원에게 양도하는 경우에는 혼인으로 인한 1세대 1주택 비과세 특례가 적용되지 않는다. 즉, 동일 세대원에게 양도하는 경우에는 비과세 특례가 적용되지 않는다.

참고 1세대 1주택 비과세특례 적용 대상

유형	비과세 특례 적용요건
종전주택 + 일반주택	종전주택을 취득하고 1년 이상이 지난 후 일반주택을 취득하고 일반주택 취득일부터 3년 이내 종전주택을 양도하는 경우
일반주택 + 상속주택	일반주택을 양도하는 경우
일반주택 + 일반주택(동거봉양)	동거봉양 합가일부터 10년 이내 먼저 양도하는 주택
일반주택 + 일반주택(혼인합가)	혼인 합가일부터 10년 이내 먼저 양도하는 주택
일반주택 + 수도권 밖에 소재하는 주택	일반주택을 양도하는 경우(부득이한 사유가 해소된 날부터 3년 이내에 양도하는 경우)

(5) 농어촌주택으로 인한 2주택

① 농어촌주택을 먼저 양도하는 경우: 농어촌주택으로 인하여 1세대 2주택이 된 경우 농어촌주택을 양도하는 경우에는 과세한다.

② 일반주택을 먼저 양도하는 경우: 농어촌주택과 일반주택을 국내에 각각 1개씩 소유한 1세대가 일반주택을 양도하는 경우에 농어촌주택 요건에 해당되면 국내에 1개의 주택을 소유하는 것으로 보아 1세대 1주택 비과세 여부를 판정한다. 그러나 농어촌주택을 취득한 날부터 5년 이내에 일반주택을 양도하는 경우에 한하여 이를 1세대 1주택으로 보아 비과세 규정을 적용한다.

③ 농어촌주택: 농어촌주택이란 다음 중 어느 하나에 해당하는 주택으로서 수도권 외의 지역 중 읍(도시지역 제외)·면 지역에 소재하는 다음의 주택을 말한다.
㉠ 상속받은 주택: 피상속인이 취득 후 5년 이상 거주한 사실이 있는 주택
㉡ 이농주택: 영농 또는 영어에 종사하던 자가 전업으로 인하여 다른 시(「제주특별자치도 설치 및 국제자유도시 조성을 위한 특별법」 제10조 제2항에 따라 설치된 행정시를 포함한다)·구(특별시 및 광역시의 구를 말한다)·읍·면으로 전출함으로써 거주자 및 그 배우자와 생계를 같이하는 가족 전부 또는 일부가 거주하지 못하게 되는 주택으로서 이농인이 소유하고 있는 주택을 말한다.
㉢ 귀농주택: 영농(營農) 또는 영어(營漁)에 종사하고자 하는 자가 취득하여 거주하고 있는 주택으로서 다음의 요건을 모두 갖춘 주택. 단, 여가선용 목적으로 취득한 주말농장 등에 대하여는 양도소득세를 과세한다.
ⓐ 「소득세법」의 규정에 따른 고가주택이 아닐 것
ⓑ 대지면적이 660제곱미터 이내일 것
ⓒ 영농 또는 영어의 목적으로 취득하는 것으로서 다음의 어느 하나에 해당할 것
• 1,000제곱미터 이상의 농지를 소유하는 자 또는 그 배우자가 해당 농지 소재지(농지로부터 직선거리 30킬로미터 이내에 있는 지역)에 있는 주택을 취득하는 것일 것
• 1,000제곱미터 이상의 농지를 소유하는 자 또는 그 배우자가 해당 농지를 소유하기 전 1년 이내에 해당 농지 소재지에 있는 주택을 취득하는 것일 것
• 기획재정부령이 정하는 어업인이 취득하는 것일 것

사례 140 농어촌주택 비과세 특례

Q 전라남도 해남에서 농업에 종사하던 甲은 서울로 상경하여 시골집을 양도하지 않은 상태에서 서울 소재 아파트를 취득하였습니다. 이번에 서울 소재 아파트를 양도하려고 하는데 시골 소재 주택으로 인해 비과세 받는데 문제가 없나요?

A 이농으로 인한 농어촌주택과 일반주택을 국내에 1개씩 보유하고 있는 경우 일반주택 양도시 농어촌주택 요건에 충족되는 경우라면 농어촌주택과 관계없이 비과세요건만 충족했으면 비과세 혜택을 받을 수 있게 된다.

> **참고** 농어촌주택의 요건
>
> 1. 상속받은 농어촌주택(피상속인이 취득 후 5년 이상 거주한 사실이 있는 경우에 한한다)
> 2. 이농인(어업 포함)이 취득 후 5년 이상 거주한 이농주택
> 3. 영농 또는 영어의 목적으로 취득한 귀농주택(5년 이내에 일반주택을 양도하여야 한다)

사례 141 농촌에 거주하면서 도시의 주택을 양도한 경우

Q 농촌에 1주택(A)을 가진 세대에서 도시에 1주택(B)을 취득한 후에도 농촌에서 계속 거주하면서 도시의 주택(B)을 먼저 양도한 경우 비과세를 받을 수 있나요?

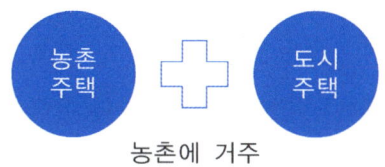

농촌에 거주

A 농촌에 1주택(A)을 가진 세대에서 도시에 1주택(B)을 취득한 후에도 농촌에서 계속 거주하면서 도시의 주택(B)을 먼저 양도한 경우에는 2주택자가 그 중 1주택을 양도한 것으로 보아 양도소득세를 과세하게 된다.

사례 142 농어촌주택에 축사 등 포함 여부

Q 농어촌주택에 축사 등을 포함하여 비과세 여부를 판정하나요?

A 농민에 대한 복합주택을 판정함에 있어서 사회통념상 농업에 필수적인 것으로 인정되는 범위 내의 축사나 퇴비사 등도 농촌주택의 부분으로 보아 1세대 1주택 양도소득세 비과세 여부를 판정한다.

사례 143 상속받은 농어촌주택을 멸실 후 재건축한 경우

Q 상속받은 농어촌주택(피상속인이 취득 후 5년 이상 거주한 사실이 있는 주택)을 멸실 후 재건축한 경우에도 농어촌주택의 비과세 특례규정을 적용함에 있어서 상속받은 주택으로 인정되나요?

A 농어촌주택의 비과세 특례규정을 적용함에 있어 상속받은 주택(피상속인이 취득 후 5년 이상 거주한 사실이 있는 주택)을 멸실하고 재건축으로 새로운 주택을 신축한 경우 그 새로운 주택은 상속받은 주택으로 보아 농어촌주택의 비과세 특례규정을 적용함에 있어서 상속받은 주택으로 인정한다.

사례 144 일반주택을 양도하기 전 농가주택을 멸실한 경우

Q 농가주택이 오래되고 너무 낡아 멸실한 후 서울주택을 양도할 예정입니다. 1세대 1주택 비과세 판단시 농가주택도 주택 수에 포함된다고 하던데 농가주택을 멸실하고 서울주택을 양도하면 1세대 1주택 비과세가 가능한가요?

- 1990년 12월   농가주택 취득
- 2015년 6월   서울주택 취득
- 2022년 8월   농가주택 멸실 예정
- 2024년 10월   서울주택 양도 예정

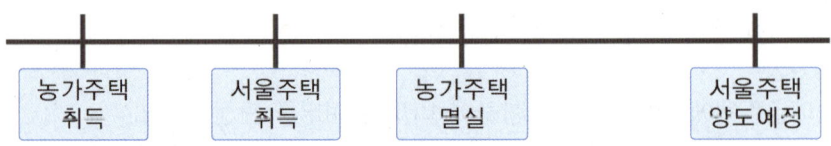

A 2주택을 보유한 자가 그중 1주택을 멸실하여 나대지로 보유하는 경우에는 1주택을 소유한 것으로 본다. 따라서 농가주택을 멸실한 후 서울주택을 양도하는 경우 1세대 1주택 비과세 적용이 가능하다.

즉, 2주택을 소유하다가 하나의 주택이 사실상 멸실된 이후부터 신축주택의 완성일 전에 나머지 1주택을 양도하는 경우 1주택만 보유한 것으로 보아 1세대 1주택 비과세 규정이 적용된다.

사례 145 남편은 농사에 종사하고 부인은 도시에서 생활하다 합가한 경우

Q 남편은 농사에 종사하고 부인은 도시에서 생활하다 합가한 경우 비과세 특례를 받을 수 있나요?

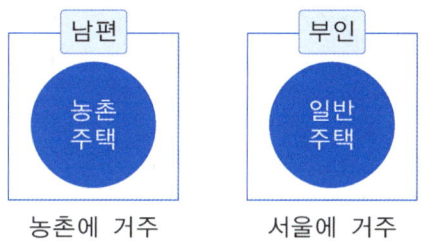

A 부부 중 농촌주택을 소유한 남편은 시골에서 계속 농사를 짓고 있었고 아내만 서울에서 생활하면서 1주택을 소유하다가 시골의 남편과 세대를 합친 경우에는 귀농주택에 해당하지 않으므로 서울의 아내 소유의 주택을 먼저 양도하는 경우 양도소득세가 과세된다.

사례 146 일반주택 취득 후 읍·면 지역 소재 주택을 취득한 경우 이농주택 해당 여부

Q 일반주택을 먼저 취득 후 읍·면 지역 소재 농어촌주택을 취득한 경우 이농주택에 해당되어 농어촌주택의 비과세 특례규정을 적용받을 수 있나요?

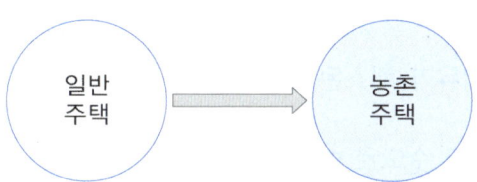

A 이농주택은 영농 또는 영어에 종사하던 자가 전업으로 인하여 다른 시·구·읍·면으로 전출할 때 이농하는 자가 소유하고 있는 주택을 말하는 것이므로, 일반주택을 먼저 취득한 후 농어촌 소재 주택을 취득한 경우 해당 농어촌 소재 주택은 이농주택에 해당되지 아니한다.

즉, 일반주택을 양도하는 경우 1세대 2주택을 소유한 것으로 보아 양도소득세를 과세하게 된다.

(6) 수도권 밖에 소재하는 주택으로 인한 2주택

취학, 근무상의 형편, 질병의 요양, 그 밖에 부득이한 사유로 취득한 수도권 밖에 소재하는 주택과 일반주택을 국내에 각각 1개씩 소유하고 있는 1세대가 일반주택을 양도하는 경우에는 국내에 1개의 주택을 소유하고 있는 것으로 보아 비과세를 적용한다. 이 경우 부득이한 사유가 해소된 경우에는 해소된 날로부터 3년 이내에 양도한 경우에 비과세를 적용한다.

사례 147 실수요 목적으로 취득한 주택

Q 1주택자가 실수요 목적(근무상 형편, 취학, 질병치료)으로 지방 소재 주택 1개를 취득하여 1세대 2주택이 된 상태에서 기존주택을 양도하는 경우 비과세를 받을 수 있나요?

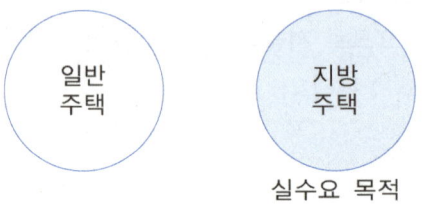

A 기존주택을 먼저 양도하는 경우에는 1세대 2주택자임에도 불구하고 실수요 목적의 지방주택은 없는 것으로 보아 1세대 1주택 규정을 적용한다.

사례 148 부득이한 사유가 해소된 날부터 3년 이내 일반주택 양도

Q 근무상 형편 등으로 수도권 밖 주택을 취득한 후 수도권 밖 주택을 먼저 양도하고 근무상 형편 등 부득이한 사유가 해소된 이후 3년 이내 일반주택 양도시 보유기간의 제한을 받지 않고 비과세를 적용받을 수 있나요?

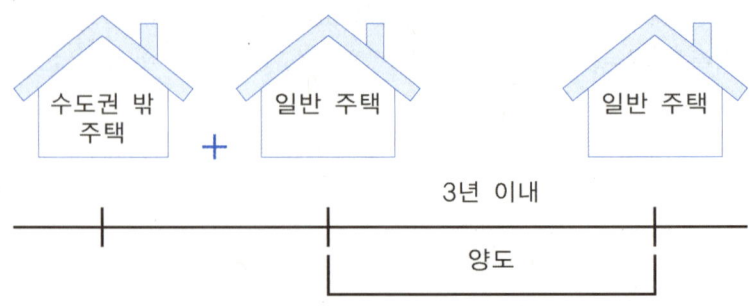

A 「소득세법 시행령」 제155조 제8항에 따른 1세대 1주택 특례규정은 일반주택과 수도권 밖 소재 주택을 보유한 세대가 일반주택을 먼저 양도하는 경우에 적용되는 것으로서, 수도권 밖 소재 주택을 먼저 양도한 후 일반주택을 양도하는 경우에는 「소득세법 시행령」 제155조 제8항에 따른 1세대 1주택 특례를 적용받을 수 없다. 수도권 밖 주택을 먼저 양도하고 일반주택 양도시에는 일반주택 취득일로부터 양도일까지 2년 보유요건을 충족하여야 비과세를 적용받을 수 있다.

(7) 문화재주택 및 등록문화재주택으로 인한 2주택

문화재주택 및 등록문화재주택과 그 외의 일반주택을 국내에 각각 1개씩 소유하고 있는 1세대가 일반주택을 양도하는 경우에는 국내에 1개의 주택을 소유하고 있는 것으로 보아 1세대 1주택 비과세 규정을 적용한다.

4 2년 이상 보유기간

(1) 원칙

양도일 현재 1세대가 국내에 등기된 1주택과 딸린 토지를 2년[취득 당시 조정대상지역에 있는 주택의 경우에는 해당 주택의 보유기간이 2년 이상이고 그 보유기간 중 거주기간이 2년 이상] 이상 보유한 후 양도하는 경우에는 거주자에 대해서 양도소득세를 과세하지 아니한다.

2년 이상 보유는 주택 및 그에 딸린 토지를 각각 2년 이상 보유한 것을 말하는 것이며, 거주기간 계산은 해당 주택의 취득일 이후 실제 거주한 기간에 따르며 불분명한 경우에는 주민등록상 전입일부터 전출일까지의 기간으로 한다.

구분	보유기간 및 거주기간의 요건
일반지역에 있는 주택의 경우	해당 주택의 보유기간이 2년 이상일 것
취득 당시 조정대상지역에 있는 주택의 경우	해당 주택의 보유기간이 2년 이상이고 그 보유기간 중 거주기간이 2년 이상일 것

> **참고** 2024년 8월 현재 조정대상지역 지정 현황
>
> 1. 서울특별시 서초구
> 2. 서울특별시 강남구
> 3. 서울특별시 송파구
> 4. 서울특별시 용산구

사례 149 동거가족 중에 일부가 퇴거

Q 동거가족 중에 일부가 퇴거를 하는 경우 거주기간은 어떻게 계산하나요?

A 원칙적으로 거주 요건은 전 세대원이 거주를 하여야 한다. 다만, 다음의 경우는 예외를 인정한다.

> ① 남편이 직장 문제로 거주를 하지 못한 경우: 직장문제는 부득이한 사유에 해당하여 남편을 제외한 나머지 세대원이 거주 요건을 충족하면 거주기간을 채운 것으로 본다.
> ② 배우자가 사업상 형편으로 거주를 하지 못한 경우: 사업상 형편도 부득이한 사유에 해당되기 때문에 나머지 세대원이 거주기간을 충족하면 거주기간을 채운 것으로 본다.
> ③ 부부가 별거하고 있는 경우: 가정불화로 별거하는 경우라도 나머지 세대원이 거주기간을 충족하면 거주기간을 채운 것으로 본다.

사례 150 거주기간 합산

Q 주택 보유기간 중 간헐적으로 거주를 하는 경우 거주기간을 합산할 수 있나요?

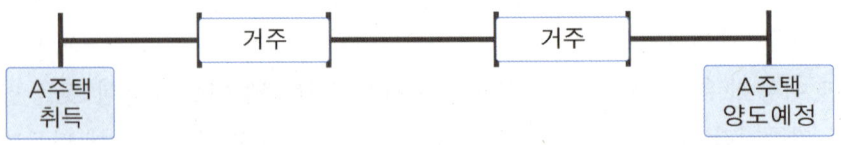

A 주택 보유기간 중 거주를 계속하는 것이 아니라 간헐적으로 거주를 하는 경우 전체 보유기간 중에 실제 거주한 기간을 합산해 2년을 채우면 거주요건을 채운 것으로 본다.

사례 151 실제 거주기간이 주민등록등본과 차이

Q 실제 거주기간이 주민등록등본과 차이가 나면 어떻게 해야 거주기간을 인정받을 수 있나요?

A▶ 실제 거주기간이 주민등록등본과 차이가 나면 실제 거주하면서 납부한 공과금 영수증을 제시하여 인정을 받아야 한다. 카드명세서, 전화가입증명원, 공공요금 및 관리비 납부영수증, 입주자 관리카드, 금융거래내역, 병원진료기록, 생필품구입 영수증, 우유대금영수증, 신문대금영수증, 수령우편물, 통·반장 확인서, 케이블 설치 및 사용요금 명세서, 가스설치대금영수증, 이삿짐센터 확인서 및 영수증, 거주자우선주차장 사용영수증, 신용카드 사용내역서 등 거주자의 주거지역, 주거형태에 따라 실제로 거주했다는 구체적이고 합리적인 증빙을 제출하면 된다.

사례 152 분양권의 경우 거주기간

Q▶ 무주택자인 甲이 분양권을 보유(분양계약을 체결할 때 조정대상지역이었음)하고 있습니다. 만일 이 주택이 완공된 경우 비과세를 받을 때 거주기간이 필요한가요?

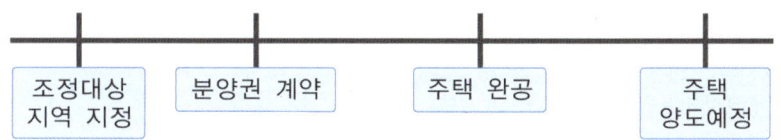

A▶ 분양계약을 체결할 때에 조정대상지역에 해당하면 2년 거주요건이 필요하나, 분양계약을 체결할 때에는 조정대상지역이 아니었으나 그 이후 조정대상지역으로 지정된 경우에는 거주기간이 적용되지 않는다.
甲은 분양계약을 체결할 때 조정대상지역이었기 때문에 보유기간 중에 2년 거주를 하여야 비과세 혜택을 받을 수 있다.

사례 153 조정대상지역 소재 겸용주택 취득 이후 용도변경시 1세대 1주택 비과세 거주요건 적용 여부

Q▶ 취득 당시 조정대상지역에 소재한 겸용주택(주택면적이 주택 외 면적보다 큰 겸용주택)의 주택부분을 근린생활시설로 용도변경하였다가, 해당 지역이 조정대상지역에서 해제된 후 다시 건물 전체를 주택으로 용도변경하여 양도하는 경우, 1세대 1주택 비과세 여부 판단시「소득세법 시행령」제154조 제1항의 거주요건을 적용하나요?

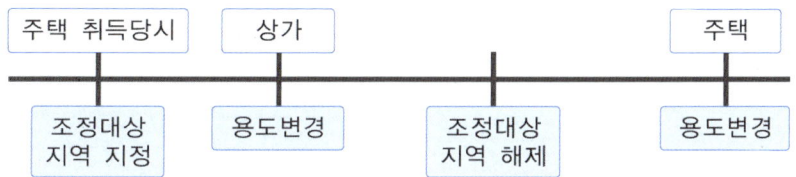

A 취득 당시 조정대상지역에 소재한 겸용주택을 2회 이상 용도변경하여 다시 주택으로 용도변경하는 시점에 조정대상지역에서 해제된 경우에도, 1세대 1주택 비과세 요건 판정시 거주요건을 적용한다.

즉, 취득 당시 조정대상지역에 해당하였기 때문에 보유기간 중에 2년 거주를 하여야 비과세 혜택을 받을 수 있다.

사례 154 거주기간 합산 여부

Q 별도 세대원 乙이 주택을 상속받은 후 양도시 1세대 1주택 비과세 판정시 피상속인의 거주기간과 상속인의 거주기간을 통산할 수 있는지요?

- 2021년 7월 甲(乙의 부친)이 A주택 취득(취득 당시 조정대상지역)
- 2022년 3월 甲 사망 및 乙이 A주택을 상속 취득(취득 당시 조정대상지역)
- 乙은 A주택에 거주 사실이 없고, 상속 당시 甲과 乙은 별도 세대로 乙은 무주택자였으며 현재 A주택만 보유 중임
- 2024년 4월 乙의 A주택 양도

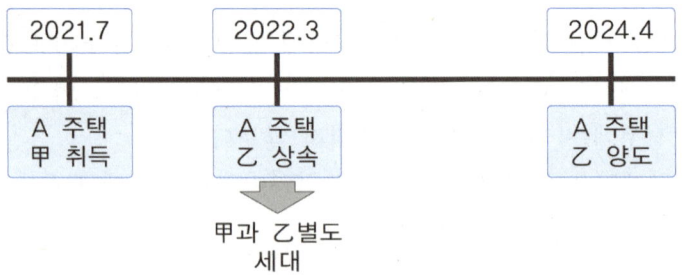

A 상속인과 피상속인이 상속개시 당시 동일세대가 아닌 경우에는 피상속인의 거주기간을 통산할 수 없는 것으로, 상속개시일 현재 조정대상지역 내의 주택을 피상속인과 동일세대가 아닌 자가 상속받아 해당 주택을 양도하는 경우에는 「소득세법 시행령」에 따른 거주기간의 제한을 받는다.

즉, 별도 세대원이 주택을 상속받은 후 양도 시, 1세대 1주택 비과세 판정시 피상속인의 거주기간을 합산하지 아니한다.

사례 155 비과세의 거주기간 요건 적용 여부

Q 비거주자가 조정대상지역으로 지정되기 전 주택을 취득한 후 조정대상지역으로 지정된 후 거주자가 된 경우, 1세대 1주택 비과세 판정 시 거주기간 요건이 적용되는지요?

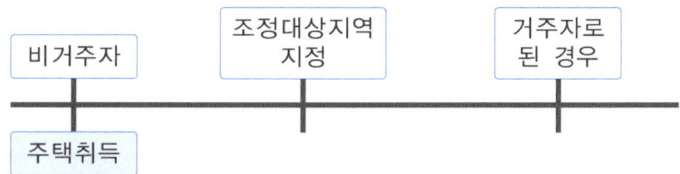

A 비거주자가 주택 취득 후 조정대상지역으로 지정된 경우 1세대 1주택 비과세 판정 시 거주기간 요건은 적용되지 아니한다. 조정대상지역으로 지정된 후 거주자가 된 경우라도 거주기간 요건은 적용되지 않는다.

사례 156 주택의 보유기간 기산일

Q 1세대 2주택자가 B아파트를 과세로 양도하고 C조합원입주권 취득 후 C조합원입주권 취득일부터 3년 이내 A아파트 양도시 비과세 여부 및 보유기간은 어떻게 되나요?

- 2005년   1월   서울 A아파트 취득
- 2019년   4월   서울 B아파트 취득
- 2019년   11월   29일   서울 B아파트 양도(과세)
- 2022년   5월   21일   서울 C조합원입주권 취득
                           * 2018년 4월 6일 관리처분계획인가
- 2024년   1월 1일 이후   A아파트 양도 예정

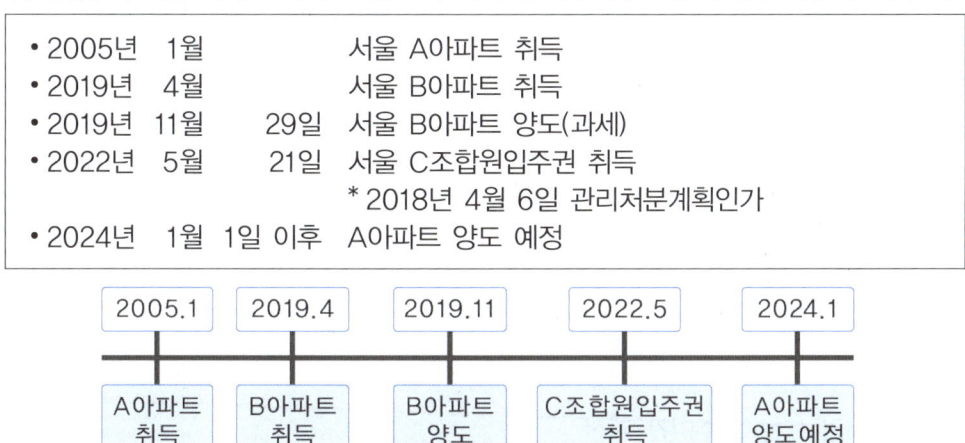

A 1세대가 A주택을 취득한 날부터 1년 이상이 지난 후 C조합원입주권을 취득하고, C조합원입주권을 취득한 날부터 3년 이내 A주택을 양도하는 경우, 1세대 1주택으로 보아 비과세를 적용한다.

이 경우 A주택의 보유기간은 A주택의 취득일부터 기산하는 것이며, A주택 취득 당시 비조정대상지역에 소재한 경우로서 보유기간이 2년 이상인 경우 거주기간 없이도 1세대 1주택 비과세를 적용받을 수 있다.

사례 157 주택으로 용도 변경하는 경우 1세대 1주택 비과세 거주요건 적용여부

Q 오피스텔(취득 당시 조정대상지역)을 상가에서 주택으로 용도 변경하는 시점에 오피스텔 소재지가 조정대상지역에 해당하지 않는 경우 1세대 1주택 비과세 판단시 거주요건이 적용되는지요?

A 거주요건은 주택 취득시점을 기준으로 판단하는 것으로 조정대상지역에 소재한 오피스텔을 취득하여 근린생활시설로 사용하다가 해당지역이 조정대상지역에서 해제된 후 주택으로 용도 변경하여 양도한 경우 「소득세법 시행령」 제154조 제1항의 거주요건을 적용하지 않는 것이다.

사례 158 조정대상지역 해제된 경우 거주기간 요건

Q 1세대 1주택으로 취득 당시에는 조정대상지역에 해당되었지만, 추후 조정대상지역에서 해제된 경우에도 2년 이상 거주요건이 적용되나요?

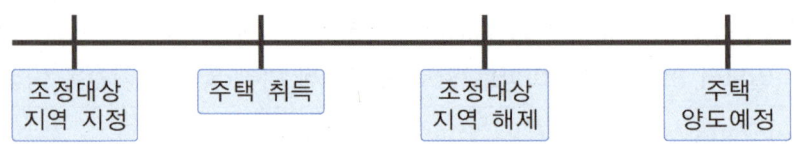

A 2년 이상 거주요건은 취득 당시 조정대상지역 소재 주택을 기준으로 하므로, 취득 이후 조정대상지역에서 해제되더라도 거주요건에서 면제되는 것은 아니다.
양도 당시 조정대상지역에서 해제되더라도 취득 당시 조정대상지역 소재 주택인 경우에는 2년 이상 보유하여야 하고 그 보유기간 중에 2년 이상 거주요건을 충족하여야 비과세를 적용받을 수 있다.

(2) 보유기간 또는 거주기간 계산
해당 주택의 취득일로부터 양도일까지로 한다.
① 상속으로 취득한 주택의 보유기간 계산
㉠ 같은 세대원 간 상속인 경우: 피상속인이 상속인과 함께한 보유기간과 상속인의 보유기간 통산
㉡ 같은 세대원 간 상속이 아닌 경우: 상속개시일로부터 양도일

취득 구분		보유 및 거주기간 계산
상속	같은 세대원 간 상속인 경우	같은 세대원으로서 피상속인의 보유기간 및 거주기간과 상속인의 보유기간 및 거주기간 통산
	같은 세대원 간 상속이 아닌 경우	상속이 개시된 날부터 양도한 날까지 계산
증여	같은 세대원 간 증여인 경우	같은 세대원으로서 증여자의 보유기간 및 거주기간과 증여 후 수증인의 보유기간 및 거주기간 통산
	같은 세대원 간 증여가 아닌 경우	증여받은 날부터 양도한 날까지 계산
이혼	재산분할로 취득	재산분할 전 배우자가 해당 주택을 취득한 날부터 양도한 날까지 보유기간 및 거주기간 통산
	위자료로 취득	소유권이전등기접수일부터 양도한 날까지 계산

② 거주하거나 보유하던 중에 소실·무너짐·노후 등으로 인하여 멸실되어 재건축한 주택의 경우: 멸실된 주택과 재건축한 주택에 대한 기간을 통산한다. 공사기간은 통산하지 않는다.

③ 보유하던 주택이 「도시 및 주거환경정비법」에 의한 재개발·재건축으로 완공된 경우: 종전주택의 보유기간, 공사기간, 재개발·재건축 후의 보유기간을 통산한다.

구분	보유기간 및 거주기간 포함 여부		
	종전주택	공사기간	재건축주택
소실·노후 등으로 재건축한 경우	포함	포함하지 않음	포함
「도시 및 주거환경정비법」에 따라 재건축한 경우	포함	• 보유기간: 포함 • 거주기간: 포함하지 않음	포함

사례 159 이혼위자료로 받은 1주택의 보유기간 계산

Q 이혼위자료로 받은 1주택을 제3자에게 양도하는 경우 보유기간의 계산방법은 어떻게 되나요?

A> 이혼위자료에 갈음하여 남편으로부터 주택을 양도받은 아내가 그 주택을 다시 제3자에게 양도하는 경우 1세대 1주택 비과세 판정은 이혼 전 남편과는 관계없이 아내만을 기준으로 판단한다. 소유권 등기일에 취득한 것으로 보고 잔금을 청산한 날을 양도일로 보아 양도소득세를 계산한다.

사례 160 노후화된 주택을 멸실하고 신축한 후 양도하는 경우

Q> A주택이 노후화되어 멸실하고 신축주택(B)을 취득한 경우, 1세대 1주택 비과세를 받기 위한 보유기간은 기존주택(A)의 취득일인가요 아니면 신축주택(B)의 취득일인가요?

- 1989년 7월   A주택 취득
- 2020년 7월   A주택 노후(멸실)
- 2021년 5월   B주택 신축
- 2024년 12월 B주택 양도(예정)

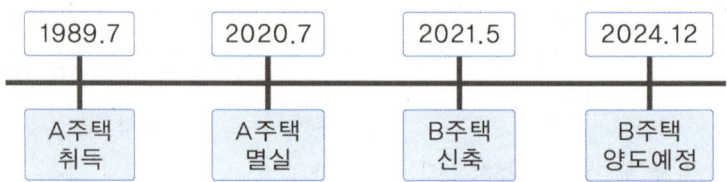

A> 주택에 거주하거나 보유하는 중에 노후로 인하여 멸실하고 재건축한 경우, 주택의 거주기간 및 보유기간은 그 멸실된 주택과 재건축한 주택의 기간을 통산한다. 따라서 이 경우 주택의 보유기간은 1989년 7월부터 2020년 7월 멸실될 때까지의 기간과 2021년 5월 신축일부터 2024년 12월 양도시까지의 보유기간을 통산하여 보유기간을 계산하는 것이므로 2024년 12월 주택을 양도하는 경우에는 1세대 1주택 비과세 적용이 가능하다.

즉, 주택을 신축할 목적으로 기존주택을 취득 후 즉시 멸실하고 신축하였을 경우 신축으로 새로 취득하는 주택의 취득시기는 기존주택의 연장으로 보아 기존주택의 취득일로 보는 것이다.

사례 161 증여받은 후 이혼한 경우 보유기간

Q 10년간 함께 살아온 주택을 증여받은 후 6개월 만에 이혼을 하였다. 증여받은 후 사업자금으로 사용하기 위해 증여받은 주택을 이혼 후에 양도할 때 1주택인 경우 비과세를 받을 수 있나요?

A 혼인 중에는 동일 세대원이기 때문에 증여자와 수증자의 보유기간을 통산하여 2년 이상 보유한 경우 비과세 혜택을 받을 수 있으나 이혼하고 양도하는 경우에는 증여받은 날로부터 2년 이상을 보유하여야만 1세대 1주택 비과세 혜택을 받을 수 있다. 그러므로 이혼 후 양도하는 경우에는 보유기간이 증여받은 날부터 6개월이 되어 비과세를 받지 못한다.

사례 162 이혼으로 재산분할한 주택을 상속 취득한 경우 그 취득시기

Q 2주택을 소유한 1세대가 이혼으로 1주택(A주택)을 배우자에게 재산분할 후 그 배우자 사망으로 子가 A주택을 상속받아 단기 양도한 경우 세율을 적용할 때의 취득시기는 어떻게 되나요?

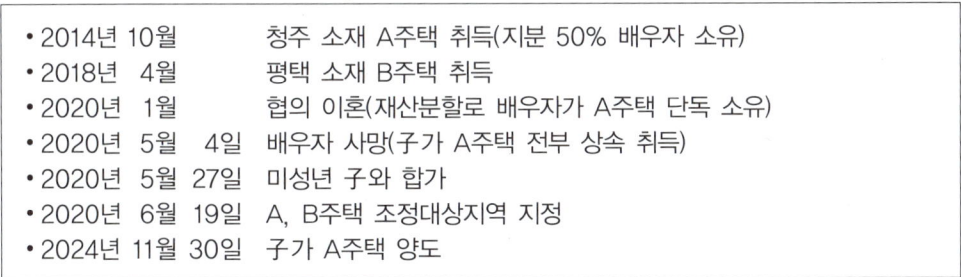

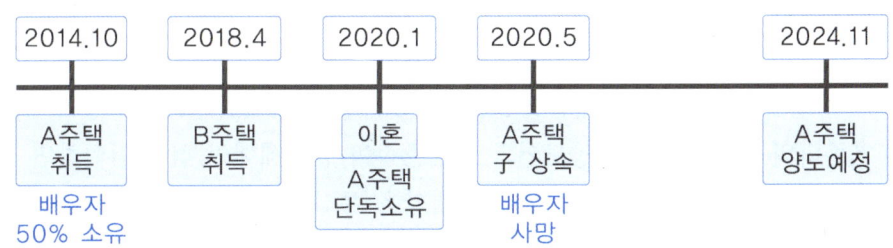

[A] 부모 공동명의 주택을 보유한 1세대가 이혼으로 재산분할하여 1/2을 배우자에게 이전한 후 이전받은 배우자의 사망으로 자녀가 그 이전받은 1/2을 상속으로 취득한 경우에 상속받은 자산의 양도소득세 세율 적용시 취득시기는 이전한 배우자가 최초 취득한 날로 본다.

사례 163 상속주택에 대한 피상속인의 보유기간 통산 여부

[Q] 상속주택의 보유기간 산정시, 상속개시일 당시 피상속인과 상속인이 동일 세대인 경우 상속개시 전 상속인과 피상속인이 동일 세대로서 보유한 기간과 상속개시 이후 상속인이 보유한 기간을 통산하여 비과세를 적용할 수 있나요?

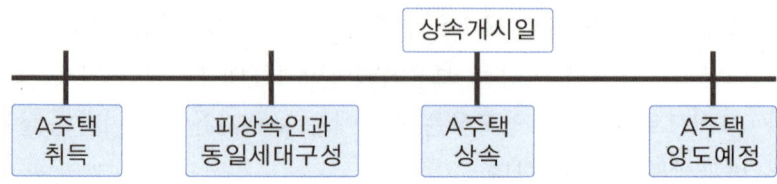

[A] 상속주택의 보유기간 산정시, 상속개시일 당시 피상속인과 상속인이 동일 세대인 경우 상속개시 전 상속인과 피상속인이 동일 세대로서 보유한 기간과 상속개시 이후 상속인이 보유한 기간을 통산하여 비과세를 적용할 수 있다.

사례 164 증여받은 주택의 보유기간 계산

[Q] 같은 세대원인 직계존속으로부터 증여받은 주택을 그 직계존속이 사망한 이후에 양도한 경우로서 1세대 1주택 비과세 판정시 보유기간은 어떻게 계산하는지요?

[A] 증여받은 자산의 경우에는 원칙적으로 증여로 인해 재산을 취득한 날이 1세대 1주택 비과세 요건의 보유기간을 계산하는 기산일이 되는 것이다. 다만, 비과세 요건으로서의 1세대 1주택의 보유 및 거주요건은 1세대를 단위로 보아야 하고, 1세대를 구성하는 세대원 간에 증여 등을 원인으로 하여 그 주택의 소유권자가 다르게 되었다고 하더라도 그 양도 전후를 통하여 1세대를 구성하는 이상 소유권자별로 별도로 볼 것은 아니므로(대법원 94누15530, 1995.7.14.) 주택의 증여시점부터 직계존속의 사망시점까지 양도인과 직계존속이 동일세대인 점을 감안하면 직계존속과 양도인이 동일세대로서 보유한 기간을 통산하는 것이다.

(3) 보유기간 및 거주기간의 제한을 받지 않는 경우

1세대가 양도일 현재 국내에 1주택을 보유하고 있는 경우로서 다음 ①, ②, ③, ④, ⑤에 해당하는 경우에는 그 보유기간 및 거주기간의 제한을 받지 않으며 ⑥에 해당하는 경우에는 거주기간의 제한을 받지 않는다.

① 「민간임대주택에 관한 특별법」에 따른 민간건설임대주택이나 「공공주택 특별법」에 따른 공공건설임대주택 또는 공공매입임대주택을 취득하여 양도하는 경우로서 해당 임대주택의 임차일부터 양도일까지의 기간 중 세대전원이 거주(기획재정부령으로 정하는 취학, 근무상의 형편, 질병의 요양, 그 밖에 부득이한 사유로 세대의 구성원 중 일부가 거주하지 못하는 경우를 포함한다)한 기간이 5년 이상인 경우

② 주택 및 그 부수토지(사업인정 고시일 전에 취득한 주택 및 그 부수토지에 한한다)의 전부 또는 일부가 「공익사업을 위한 토지 등의 취득 및 보상에 관한 법률」에 의한 협의매수·수용 및 그 밖의 법률에 의하여 수용되는 경우. 다만, 그 양도일 또는 수용일부터 5년 이내에 타인에게 양도하는 그 잔존주택 및 그 부수토지를 포함하는 것으로 한다.

③ 「해외이주법」에 따른 해외이주로 세대전원이 출국하는 경우. 다만, 출국일 현재 1주택을 보유하고 있는 경우로서 출국일부터 2년 이내에 양도하는 경우에 한한다.

④ 1년 이상 계속하여 국외거주를 필요로 하는 취학 또는 근무상의 형편으로 세대전원이 출국하는 경우. 다만, 출국일 현재 1주택을 보유하고 있는 경우로서 출국일부터 2년 이내에 양도하는 경우에 한한다.

⑤ 1년 이상 거주한 주택을 다음의 사유로 인한 취학, 근무상의 형편, 질병의 요양, 그 밖에 부득이한 사유로 세대전원이 다른 시·군으로 주거를 이전하는 경우
  ㉠ 「초·중등교육법」에 따른 학교(초등학교 및 중학교를 제외한다) 및 「고등교육법」에 따른 학교에의 취학
  ㉡ 직장의 변경이나 전근 등 근무상의 형편
  ㉢ 1년 이상의 치료나 요양을 필요로 하는 질병의 치료 또는 요양
  ㉣ 「학교폭력예방 및 대책에 관한 법률」에 따른 학교폭력으로 인한 전학(학교폭력대책자치위원회가 피해학생에게 전학이 필요하다고 인정하는 경우에 한한다)

⑥ 거주자가 조정대상지역의 공고가 있은 날 이전에 매매계약을 체결하고 계약금을 지급한 사실이 증빙서류에 의하여 확인되는 경우로서 해당 거주자가 속한 1세대가 계약금 지급일 현재 주택을 보유하지 아니하는 경우

사례 **165** 건설임대주택의 보유기간

Q 무주택자가 「민간임대주택에 관한 특별법」에 의한 건설임대주택을 임차하여 세대 전원이 5년간 거주하다가 이번에 분양을 받았습니다. 그런데 급한 사정이 생겨 건설임대주택을 분양받은 후 6개월 만에 양도해야 할 입장입니다. 이 경우 얼마나 보유해야 비과세를 받을 수 있나요?

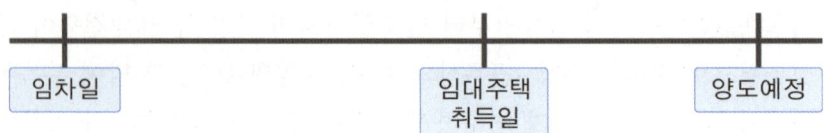

A 무주택자가 「민간임대주택에 관한 특별법」에 의한 건설임대주택의 경우에는 임차하여 세대전원이 5년 이상 거주하다 건설임대주택을 분양받은 후 6개월 만에 양도하는 경우에는 보유기간 제한 없이 1세대 1주택으로 비과세 혜택을 받을 수 있다.

사례 **166** 건설임대주택을 상속받은 경우

Q 건설임대주택을 임대하여 5년간 거주하던 중 임대주택계약자가 사망하여 상속인 중 동일 세대원이 임대계약을 승계받아 거주한 경우에는 거주기간 통산이 가능한지요?

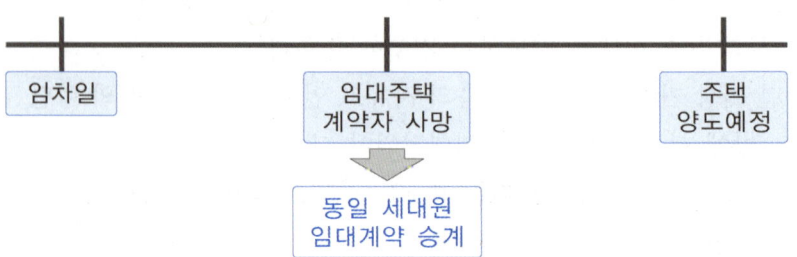

A 동일 세대원이 상속을 받은 경우에는 피상속인의 거주기간과 상속인의 거주기간을 통산하여 판단한다.

사례 167 공공매입임대주택을 분양받아 취득한 후 6개월 내 양도하는 경우

Q 1세대 1주택 비과세를 받으려면 2년 이상 보유·거주하여야 한다고 하던데, 제 경우 공공매입임대주택을 취득한 후 보유·거주기간이 6개월 밖에 되지 않았지만 해당 임대주택에 8년 이상 거주한 사실이 있는데, 1세대 1주택 비과세를 적용받을 수 있나요?

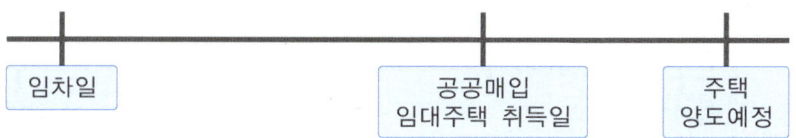

A 세대전원이 5년 이상 거주한 공공매입임대주택을 2022년 2월 15일 이후 양도하는 경우에는 보유 및 거주기간 요건을 적용하지 않으므로 1세대 1주택 비과세 적용이 가능하다. 2022년 2월 15일 이후 양도분부터 1세대 1주택 비과세 특례 적용 시 보유 및 거주기간 요건을 적용받지 않는 임대주택 범위에 민간건설임대주택, 공공건설임대주택 외 공공매입임대주택을 추가하여 세대전원이 5년 이상 거주한 경우 비과세를 적용받을 수 있다.

사례 168 이혼한 경우 거주기간

Q 남편 명의로 임차하여 함께 거주(3년 거주)하다 이혼하여 처(妻) 혼자 거주(3년 거주)하던 중 임대기간이 만료되어 처(妻) 명의로 해당 임대아파트를 분양받은 후 1년 만에 양도할 경우 1세대 1주택 비과세 특례 혜택을 받을 수 있나요?

A 「민간임대주택에 관한 특별법」에 의한 건설임대주택을 남편 명의로 임차하여 전세대원이 함께 3년 거주하다가 부부가 이혼하고 처(妻) 혼자 3년 거주하던 중 임대기간이 만료되어 처(妻) 명의로 해당 임대아파트를 분양받은 후 1년 만에 양도하는 경우 남편 명의로 거주한 기간과 이혼 후 처(妻) 혼자 거주한 3년을 합산하여 6년을 거주했기 때문에 보유기간 관계없이 1세대 1주택 비과세 특례를 적용받을 수 있다.

사례 169 거주자가 건설임대주택을 임차하여 거주 중 혼인한 경우 거주기간 계산방법

Q 해당 건설임대주택의 임차일부터 해당 주택의 양도일까지의 기간 중 세대전원이 거주한 기간이 5년 이상 규정을 적용할 때 거주자가 해당 주택에서 혼인 전에 거주한 기간과 혼인 후 배우자 및 출생한 자녀와 함께 거주한 기간을 통산할 수 있나요?

A 해당 건설임대주택의 임차일부터 해당 주택의 양도일까지의 기간 중 세대전원이 거주한 기간이 5년 이상 규정을 적용할 때 거주자가 해당 주택에서 혼인 전에 거주한 기간과 혼인 후 배우자 및 출생한 자녀와 함께 거주한 기간을 통산한다.

사례 170 수용 후 잔존주택 등 비과세

Q 공익사업용으로 1세대 1주택이 수용된 후 잔존주택 및 그 부수토지의 일부를 몇 년 이내 양도할 경우 모두 비과세가 가능한가요?

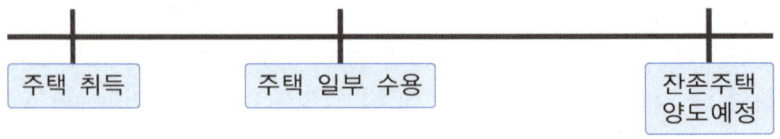

A 양도일 또는 수용일부터 5년 이내에 양도하는 잔존토지 및 잔존주택(부수토지 포함)은 비과세가 적용된다.

사례 171 점포를 주택으로 용도변경한 경우 보유기간 계산

Q 주택을 점포로 용도변경하여 사업장으로 사용하다 이를 다시 주택으로 용도변경한 후 해당 주택을 양도하는 경우 거주기간 및 보유기간 계산은 어떻게 하나요?

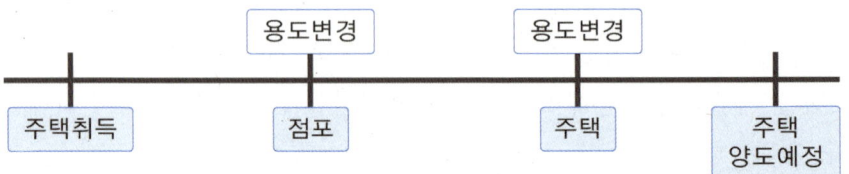

A> 주택을 점포로 용도변경하여 사업장으로 사용하다 이를 다시 주택으로 용도변경한 후 해당 주택을 양도하는 경우 거주기간 및 보유기간 계산은 해당 건물의 취득일부터 양도일까지의 기간 중 주택으로 사용한 기간을 통산한다.

사례 172 부수토지를 먼저 양도한 후 주택이 수용된 경우

Q> 부수토지를 먼저 양도한 후 주택(건물)이 수용된 경우 부수토지에 대해 비과세 혜택을 받을 수 있나요?

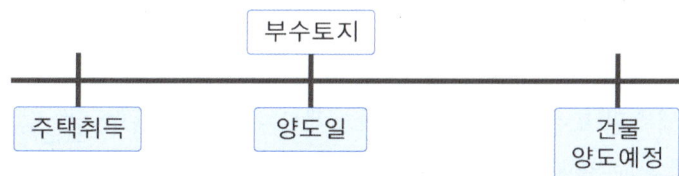

A> 1세대 1주택자인 청구인이 쟁점 토지에 대한 환지예정지 공고일 이후 쟁점 토지를 양도한 후 쟁점 토지상의 주택(건물)이 수용된 경우 쟁점 토지는 1세대 1주택의 부속토지로 보지 않기 때문에 토지의 양도소득에 대하여 비과세를 적용하지 않는다.

사례 173 국외 출국시 과세

Q> 보유기간이 2년이 안 되는 주택(국내에 1채의 주택만을 가지고 있다)에서 살고 있는데, 해외로 이민을 가게 되어 주택을 팔게 되었습니다. 이 경우 양도소득세를 내야 하나요?

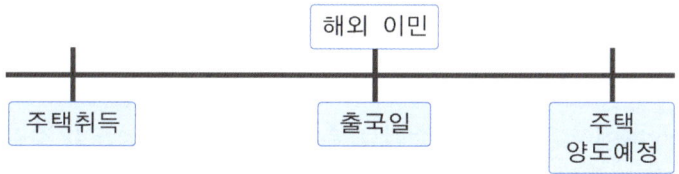

A> 국내에 1채의 주택만을 가지고 있는 사람이 해외 이민으로 인해 세대전원이 출국함에 따라 부득이하게 1주택을 양도하는 경우 출국일로부터 2년 이내에 양도하는 경우 보유기간에 관계없이 비과세된다.

사례 174 해외이주 외의 목적으로 출국하여 현지 이주하는 경우

Q 해외이주 외의 목적으로 출국하여 혼인한 후 현지 이주한 경우 그 혼인한 세대가 출국일(영주권 또는 그에 준하는 장기체류 자격을 취득한 날) 및 양도일 현재 국내에 1주택을 보유하고 있는 때에는 비과세를 적용받을 수 있나요?

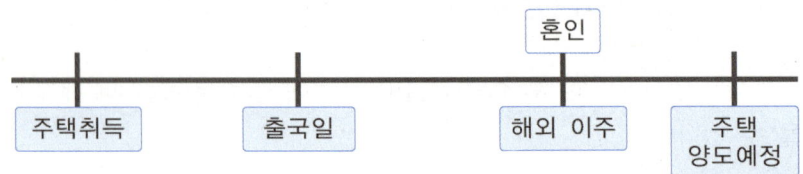

A 해외이주 외의 목적으로 출국하여 혼인한 후 현지 이주한 경우 그 혼인한 세대가 출국일(영주권 또는 그에 준하는 장기체류 자격을 취득한 날) 및 양도일 현재 국내에 1주택을 보유하고 있는 때에는 출국일부터 2년 이내에 해당 주택(고가주택 제외)을 양도하면 보유 및 거주기간의 제한 없이 비과세를 적용받을 수 있다.

사례 175 해외이주 당시 1세대 1주택자

Q 해외이주 당시 1세대 1주택자가 해외 거주기간 동안 국내 소재한 주택을 추가로 취득·양도한 사실이 있는 경우에도 출국일로부터 2년 이내에 당초 소유하던 주택을 양도한 경우에는 1세대 1주택의 비과세 특례를 적용받을 수 있나요?

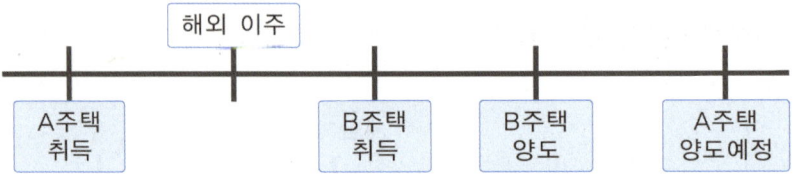

A 해외이주 상태에서 국내 소재 주택을 추가로 취득하여 양도한 사실이 있더라도 해외이주 당시 보유하던 1주택에 대해서는 1세대 1주택의 비과세 특례규정이 적용된다.
즉, 국내에서 1주택을 소유하다가 국외로 이주한 다음 추가로 국내 소재 주택을 취득하였더라도 그 추가로 취득한 주택을 먼저 처분한 다음 출국일로부터 2년 이내에 당초 소유하던 주택을 양도한 경우에는 1세대 1주택의 비과세 특례를 적용하여 비과세를 받을 수 있다.

사례 176 2주택 소유자가 출국 후 이혼한 경우

Q 2주택 소유자가 해외 이주로 출국 후 이혼하여 각각 1주택씩을 소유하는 경우 비과세를 각각 받을 수 있나요?

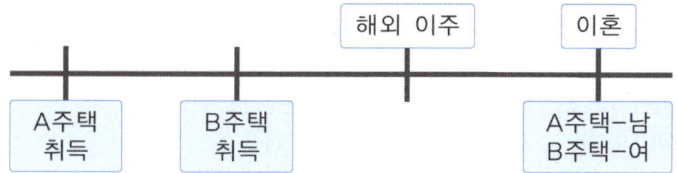

A 2주택을 소유한 1세대가 「해외이주법」에 의한 국외이주로 세대전원이 출국한 경우에는 출국 후 부부가 이혼하여 각 세대가 1주택씩을 소유하더라도 해당 2주택은 양도소득세를 비과세 받을 수 없다.

즉, 출국일 현재 1주택을 보유하고 있는 경우로서 출국일부터 2년 이내에 양도하는 경우에 한하여 비과세 혜택을 받을 수 있는데 출국일 현재 2주택을 소유한 경우로 비과세 혜택을 받을 수 없다.

사례 177 출국하기 전 양도시 비과세 특례 여부

Q 1년 이상 계속하여 국외거주를 필요로 하는 근무상 형편으로 세대전원이 출국하기 전 주택을 양도하는 경우 「소득세법 시행령」 제154조 제1항 제2호 다목에 따라 보유기간·거주기간 제한을 받지 않고 비과세를 받을 수 있는지요?

A 1년 이상 계속하여 국외거주를 필요로 하는 취득 또는 근무상의 형편으로 세대전원이 출국하기 전에 국내에 보유하고 있는 1주택을 양도하는 경우에는 「소득세법 시행령」 제154조 제1항 제2호 다목이 적용되지 아니하는 것이다.

사례 178 근무상 형편으로 양도하는 경우

Q 일반 2주택(A, B)을 보유한 세대가 B주택을 과세로 양도하고 근무상 형편(퇴직 후 이직)으로 1년 이상 거주한 남은 A주택을 양도하는 경우, 최종 양도하는 A주택의 보유기간 기산일은 언제부터인가요?

- 2019년 6월   부부 전주 완산구 A 분양권 취득
- 2019년 12월   부부 전주 완산구 B 분양권 취득
- 2020년 1월   A주택 취득(완성) 후 거주 중
- 2020년 1월   B주택 취득(완성) 후 임대 중
- 2020년 7월   퇴직
- 2022년 5월   B주택 양도(과세) 후 서울로 이직(세대전원 이사) 예정
- 2024년 9월   A주택 양도 예정

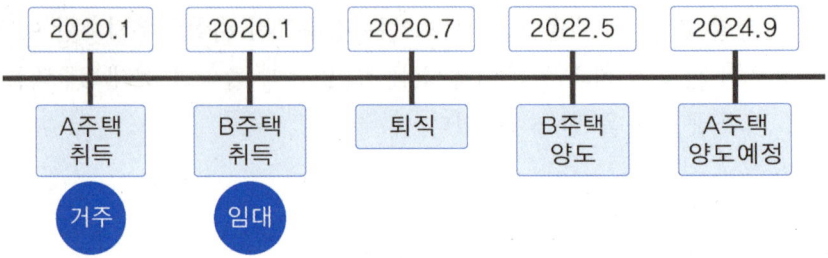

A 1세대가 양도일 현재 국내에 1주택을 보유하고 있는 경우로서 양도하는 주택이 「소득세법 시행령」 제154조 제1항 제3호(1년 이상 거주한 주택을 기획재정부령으로 정하는 취학, 근무상의 형편, 질병의 요양, 그 밖에 부득이한 사유로 양도하는 경우) 요건을 갖춘 주택인 경우에는 보유기간 및 거주기간의 제한을 받지 않고 비과세를 받을 수 있기 때문에 A주택은 보유기간 관계없이 비과세를 받을 수 있다. 이 경우 A주택의 보유기간 기산일은 2020년 1월 A주택 취득일이 된다.

사례 **179** 근무상 형편으로 주택 양도

Q 현재 서울에서 살고 있는 주택은 1년 전에 취득하여 1년 2개월째 거주하고 있는데, 이번에 광주광역시로 발령나 광주광역시에서 주택을 취득하고 서울 소재 주택을 양도하고자 합니다. 배우자는 서울에서 자녀와 함께 3년 정도 더 있으려고 하는데, 이 경우 서울 주택을 양도할 경우 비과세 혜택을 받을 수 있나요?

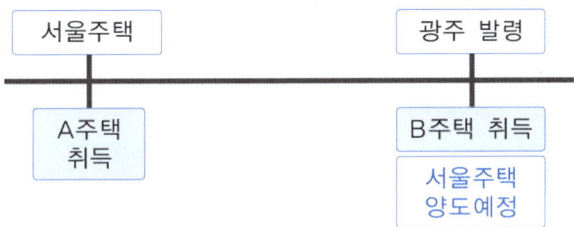

A 근무상의 형편으로 부득이 하게 주택을 양도하는 경우에는 양도하는 주택에서 1년 이상 거주하면 2년 보유하지 않아도 비과세 혜택을 받을 수 있다.
광주광역시로 발령나 1년 전에 취득하여 1년 2개월째 거주하고 있는 서울 소재 주택은 근무상의 형편으로 부득이 하게 주택을 양도하는 경우에 해당하지만 세대 전원이 이사를 해야 하는데 배우자와 자녀는 서울에 계속 머물러 함께하지 않았기 때문에 비과세 특례 혜택을 받을 수 없다.

사례 **180** 주택신축을 위한 나대지를 보유하고 있는 경우

Q 1세대 1주택을 보유한 자가 다른 주택을 신축하고자 매입한 낡은 주택을 헐고 나대지 상태로 보유하고 있는 기간 동안에 종전의 주택을 양도하는 경우 비과세 혜택을 받을 수 있나요?

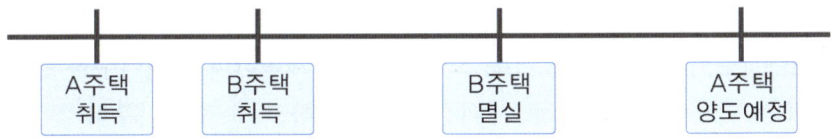

A 1세대 1주택을 보유한 자가 다른 주택을 신축하고자 매입한 낡은 주택을 헐고 나대지 상태로 보유하고 있는 기간 동안에 종전의 주택을 양도하는 경우 1세대 1주택 비과세를 적용받을 수 있다.

사례 181 자녀가 다른 도시 소재 고등학교에 입학하여 2년 미만 보유 주택을 양도

Q 2023년 2월 서울에서 주택을 취득하여 거주하던 중 자녀가 대전 소재 고등학교에 입학하여 대전으로 세대전원이 이사함에 따라 서울주택을 양도할 예정입니다. 주택 보유 및 거주기간이 1년 2개월밖에 되지 않았지만 자녀의 취학으로 부득이하게 이사함에 따라 집을 양도하는데 비과세를 받을 수 없나요?

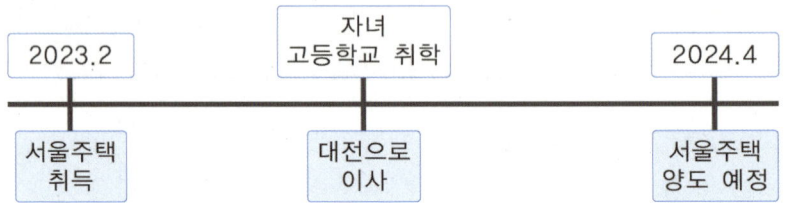

A 자녀의 취학 등 부득이한 사유로 다른 시·군으로 주거를 이전함에 따라 1년 이상 거주한 주택을 양도하는 경우에는 1세대 1주택 비과세 규정을 적용함에 있어 그 보유 및 거주기간의 제한을 받지 않는다. 따라서 자녀가 대전 소재 고등학교에 입학하여 대전으로 세대전원이 이사하는 경우 1년 이상 거주한 서울주택 양도시 1세대 1주택 비과세 특례 적용이 가능하다.

사례 182 해외근무상의 형편에 의한 1세대1주택 비과세특례 적용여부

Q 국내에 1주택을 소유하고 외국에서 상사주재원으로 근무하고 있는 처와 아들만 둘이 있는 세대주입니다. 2024년 2월 해외로 출국하였으나 출국일 현재 큰 아들은 군에 입대하여 복무 중이고 작은 아들은 군 복무가 임박하였으나 입대를 연기하고 있다가 2025년 1월 19일 입대하였습니다. 부득이 집안 사정상 2025년 2월 국내에 있는 1주택을 양도하고자 합니다. 이 경우 양도소득세 비과세를 받을 수 있는지요?

A 국내에 1주택만 소유하던 거주자가 1년 이상 계속하여 국외거주를 필요로 하는 취학 또는 근무상의 형편으로 세대전원이 출국하고 그 출국일부터 2년 이내에 양도하는 경우에는 거주기간 및 보유기간에 제한 없이 양도소득세가 비과세되는 것이다. 위를 적용함에 양도일 현재 동일세대원인 자녀가 군복무관계로 출국하지 못하는 경우에도 전세대원이 출국한 것으로 보는 것으로 양도소득세 비과세를 받을 수 있다.

사례 **183** 세대전원이 출국으로 2년 미만 보유한 주택을 양도하는 경우

Q 김국세씨는 2022년 5월 서울에 주택을 취득하여 거주하던 중 해외에 소재한 외국 회사에 취업하여, 세대전원이 2023년 1월 출국하고 2024년 5월 주택을 양도할 예정입니다. 근무상 형편으로 세대전원이 출국하는 경우 2년 이상 보유·거주하지 않아도 비과세 받을 수 있나요?

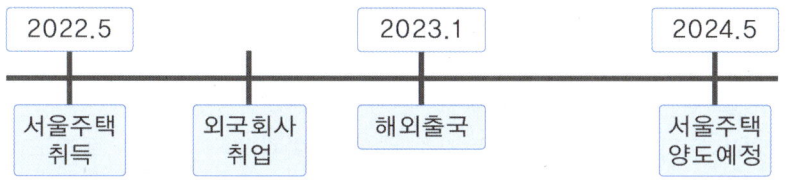

A 1년 이상 계속하여 국외거주를 필요로 하는 취학 또는 근무상의 형편으로 세대전원이 출국하는 경우에는 출국일 현재 국내에 1주택을 보유하고 있는 경우로서 출국일부터 2년 이내 양도하면, 보유 및 거주기간에 제한을 받지 않고 1세대 1주택 비과세를 적용한다. 따라서 이 경우 세대전원의 출국일로부터 2년 이내에 주택을 양도하는 경우이므로 비과세가 가능하다. 그러나 세대전원이 출국하기 전에 양도하는 경우에는 동 규정이 적용되지 않는다.

다만, 출국일(세대전원이 출국하는 날을 말함)부터 2년이 경과한 후에 주택을 양도하는 경우, 세대원의 일부가 재입국하여 계속하여 국내에 거주하던 중에 주택을 양도하는 경우 또는 양도일 현재 당초 출국 사유(취학 또는 근무상의 형편)가 해소된 경우에는 위 규정이 적용되지 아니한다.

사례 **184** 세대원도 부득이한 사유

Q 주택의 소유자가 아닌 세대원의 부득이한 사유로 다른 지역으로 이사를 하는 경우 비과세 특례규정이 적용되나요?

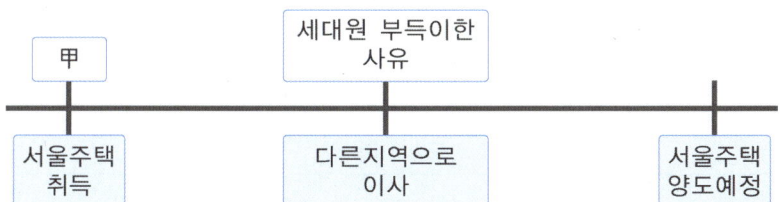

A 부득이한 사유는 해당 주택의 소유자뿐 아니라 세대원의 경우에도 적용되기 때문에 주택의 소유자가 아닌 세대원의 부득이한 사유로 다른 지역으로 이사를 하는 경우라도 비과세 특례를 적용받을 수 있다.

5 겸용주택

(1) 주택이 주택 이외 면적보다 큰 경우

① 주택면적: 1세대 1주택의 규정을 적용할 때 하나의 건물이 주택과 주택 이외의 부분으로 복합되어 있는 경우에 주택의 연면적이 주택 이외의 연면적보다 큰 경우에는 그 건물 전부를 주택으로 본다. 2022년 1월 1일 이후 양도하는 분부터 12억원을 초과하는 겸용주택은 주택면적이 주택 이외의 면적보다 크더라도 주택부분만 주택으로 본다.

② 토지면적: 전체를 주택에 딸린 토지로 본다.

③ 비과세 토지: 주택에 딸린 토지는 주택이 비과세되는 경우 토지도 비과세되는데, 비과세되는 토지는 다음에 의한다.

구 분			배 율
도시지역 내	수도권 내의 토지	주거·상업 및 공업지역 내의 토지	3배
		녹지지역 내의 토지	5배
	수도권 밖의 토지		5배
도시지역 외			10배

(2) 주택이 주택 이외 면적보다 작거나 같은 경우

① 주택면적: 주택의 연면적이 주택 이외의 연면적보다 작거나 같을 때에는 주택 외의 부분은 주택으로 보지 않는다.

② 토지면적: 주택에 딸린 토지는 전체 토지면적에 주택의 연면적이 건물의 연면적에서 차지하는 비율을 곱하여 계산한다.

③ 비과세 토지: 주택에 딸린 토지는 주택이 비과세되는 경우 토지도 비과세되는데, 비과세되는 토지는 다음에 의한다.

구 분			배 율
도시지역 내	수도권 내의 토지	주거·상업 및 공업지역 내의 토지	3배
		녹지지역 내의 토지	5배
	수도권 밖의 토지		5배
도시지역 외			10배

사례 **185** 상가주택 양도

Q 상가로 200평을 임대하고 주택으로 100평을 임대 또는 거주한 상태에서 상가주택을 양도한 경우, 어떻게 과세되나요?

A 상가주택의 경우 주택으로 사용하는 면적이 상가로 사용한 면적보다 작거나 같은 경우에는 주택으로 사용한 부분만 주택으로 본다.
즉, 주택으로 사용하는 100평은 다른 주택이 없고 주택부분의 실지양도가액이 12억원을 초과하지 않으면 비과세를 적용받을 수 있으나 상가로 사용하는 200평은 비과세를 적용할 수 없게 된다. 이 경우 부수토지는 주택부분에 해당하는 토지 중에서 주택정착면적의 3배, 5배, 10배 한도 내의 토지만 비과세를 적용하고 그 이외 토지는 과세하게 된다.

사례 **186** 겸용주택 중 2층 주택의 전용계단의 경우

Q 겸용주택 중 2층 주택의 전용계단의 경우 주택으로 보나요?

A 2층을 올라가기 위한 2층 전용계단이 1층에 설치된 경우에는 1층 중 그 계단부분은 주택으로 보아야 한다.

사례 **187** 주택면적이 적은 겸용주택

Q 주택면적이 적은 겸용주택의 주택 외 건물부분을 주택으로 용도 변경한 경우 비과세 특례규정이 적용되나요?

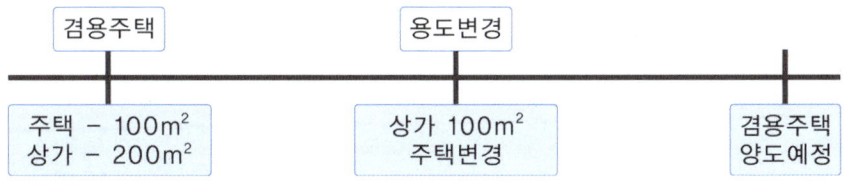

A 주택의 면적이 주택 외의 건물부분의 면적보다 적은 복합건물을 3년 이상 보유하다가 주택 외의 건물부분을 주택으로 용도 변경하여 전부를 1주택으로 양도한 것에 대하여 해당 용도 변경된 주택으로 인하여 주택의 부수토지가 증가되는 경우 그 증가된 부수토지에 대하여는 용도변경일 이후 2년 이상 경과하여야 양도소득세를 비과세받을 수 있다.

6 고가주택(단독주택, 공동주택 판정기준 동일)

(1) 의의

고가주택이란 주택 및 이에 부수되는 토지의 양도 당시의 실지거래가액의 합계액이 12억원을 초과하는 것을 말한다. 공동소유하는 주택은 그 소유지분에 관계없이 1주택 전체를 기준으로 고가주택에 해당하는지를 판단한다. 이 경우 공동 소유하는 주택은 그 소유지분에 관계없이 1주택 전체를 기준으로 고가주택에 해당하는지를 판단한다.

① 겸용주택의 주택 면적이 주택 외의 면적보다 큰 경우로서 그 전부를 주택으로 보아 1세대 1주택 비과세 규정을 적용하는 때에는 그 주택 외의 부분의 가액이 포함된 전체 건물과 그에 딸린 토지의 실지거래가액을 기준으로 고가주택을 판정한다.

② 단독주택으로 보는 다가구주택의 경우에는 그 전체를 하나의 주택으로 보아 고가주택 여부를 판정한다.

③ 주택을 부담부증여하는 경우 수증자가 인수하는 채무액이 12억원 미만에 해당되더라도 전체의 주택가액이 12억원을 초과하면 고가주택으로 본다.

(2) 고가주택에 대한 규제내용

1세대 1주택 2년 보유요건을 충족한 경우라도 안분을 통하여 12억원까지는 일반주택으로 보아 비과세를 적용하지만, 12억원을 초과하는 부분에 대해서는 고가주택에 해당되기 때문에 비과세를 배제한다.

사례 188 고가주택의 양도

Q. 甲은 5년 전에 9억원을 주고 주택(등기 필)을 구입하여 세대원 모두가 거주하였습니다. 이 주택을 15억원에 양도하는 경우, 1세대 1주택자라면 비과세를 받을 수 있나요?

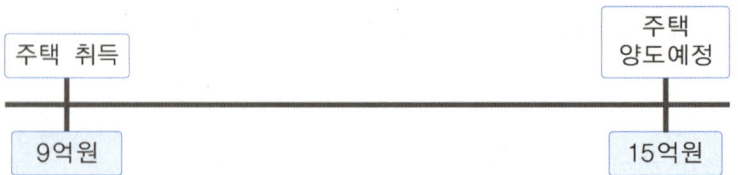

[A] 실지양도가액이 12억원을 초과하는 주택으로 1세대 1주택 비과세 규정이 적용되지 않아 12억원 초과분은 과세가 된다. 이 경우 양도차익 6억원 전체에 대해 과세하는 게 아닌 12억원 초과분만 과세하므로 고가주택분 양도차익은 다음과 같이 계산하여 1억 2천만원이 과세된다.

> 과세되는 고가주택 양도차익 = 양도차익 × [(양도가액 − 12억원) / 양도가액]
> = (15억원 − 9억원) × [(15억원 − 12억원) / 15억원]
> = 6억원 × (3억 / 15억)
> = 1억 2천만원

(3) 고가주택의 양도차익과 장기보유특별공제액 계산
　① 1세대 1주택 비과세 요건을 갖춘 고가주택의 양도차익
　　㉠ 1단계: 총 양도차익을 계산한다.
　　　　　= 양도가액 − 취득가액 − 필요경비
　　㉡ 2단계: 총 양도차익을 고가주택분(12억원 초과)으로 나누어 계산한다.
　　　　　= 총 양도차익 × [(양도가액 − 12억원)/양도가액]
　② 1세대 1주택 비과세 요건을 갖춘 고가주택의 장기보유특별공제액
　　　= 고가주택의 양도차익 × 공제율

사례 189 고가주택 판정

[Q] 여러 사람이 공동소유하거나 주택과 그 부수토지의 소유자가 각각 다른 경우에는 12억원 초과 여부의 고가주택 판정을 어떻게 하나요?

[A] 고가주택의 판정은 여러 사람이 공동소유하거나 주택과 그 부수토지의 소유자가 각각 다른 경우도 주택 및 그 부수토지의 실지 양도가액의 합계액이 12억원을 초과하는 경우에는 이를 고가주택으로 본다.
고가주택은 주택과 부수토지의 소유자가 동일 세대이거나 동일한 것을 요구하고 있지 않으므로 여러 사람이 공동소유하거나 주택과 부수토지의 소유자가 다르더라도 주택과 부수토지의 실거래가액을 합산한 양도가액이 12억원을 초과하는 경우 고가주택의 양도로 본다.

사례 **190** 부담부증여의 경우 고가주택

Q 주택을 다음과 같이 부담부증여할 때 수증자가 인수하는 채무액이 12억원 미만에 해당하는 경우 고가주택의 양도로 보나요?

> • 1세대 1주택 비과세 요건을 충족하는 주택을 자녀에게 증여함
> • 증여재산가액 13억원, 전세보증금 10억원 자녀가 인수

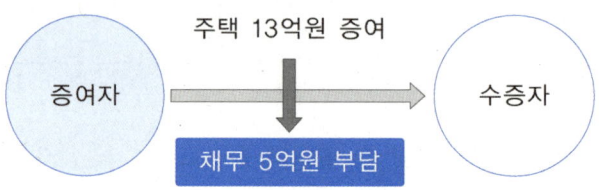

A 주택을 부담부증여하는 경우 수증자가 인수하는 채무액이 12억원 미만에 해당되더라도 증여한 전체 주택의 가액이 12억원을 초과하면 고가주택으로 본다.

사례 **191** 주택이 수용되는 경우 고가주택 판정

Q 주택과 그에 딸린 토지가 시차를 두고 협의매수·수용된 경우 또는 주택 및 그에 딸린 토지가 일부 수용되는 경우 고가주택 판정은 어떻게 하나요?

A 주택과 그에 딸린 토지가 시차를 두고 협의매수·수용된 경우 전체를 하나의 거래로 보아 고가주택 양도차익을 계산하는 것이며, 주택 및 그에 딸린 토지가 일부 수용되는 경우에도 양도 당시의 실지거래가액 합계액에 양도하는 부분의 면적이 전체 주택면적에서 차지하는 비율로 나누어 계산한 금액이 12억원을 초과하는 경우 고가주택으로 본다.

제3절 양도소득세 계산구조

1 계산절차

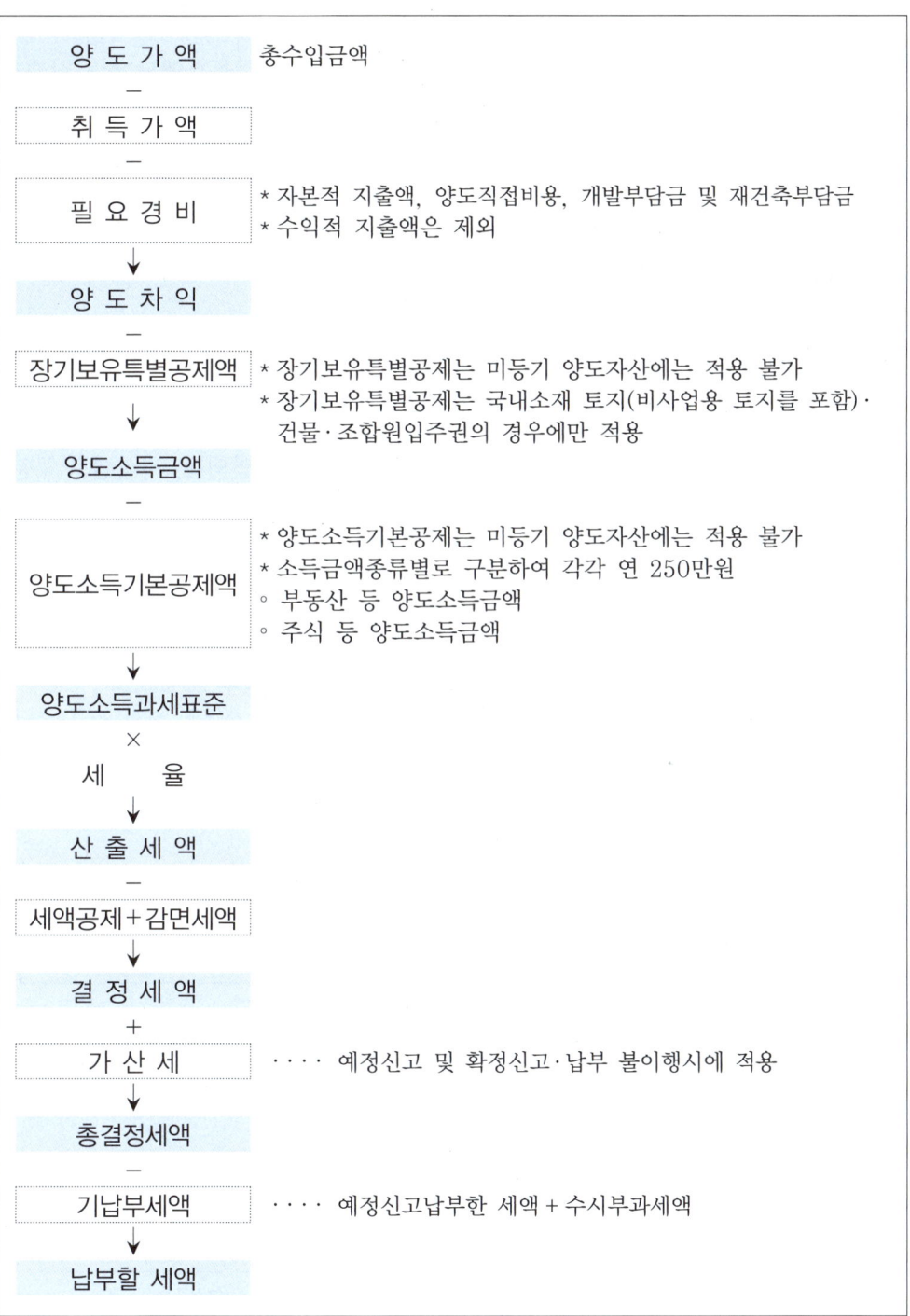

2 양도차익계산

(1) 실지거래가액이 확인되는 경우

① 양도소득세가 과세되는 자산의 양도가액 또는 취득가액은 그 자산의 양도 또는 취득 당시의 실지거래가액에 따른다.

② 양도가액을 실지거래가액으로 적용하는 경우에는 취득가액도 실지거래가액을 적용하고, 양도가액을 기준시가로 적용하는 경우에는 취득가액도 기준시가를 적용한다.

사례 192 토지와 건물 소유자가 다른 경우

Q 토지와 건물을 함께 양도하여 전체 실지거래가액은 확인되나, 토지와 건물의 소유자가 다른 경우 양도가액은 어떻게 계산하나요?

A 토지와 건물을 함께 양도하여 전체 실지거래가액은 확인되나, 자산별로 구분이 불분명한 경우에는 전체 실지거래가액을 기준시가에 의하여 안분계산하여 양도가액을 계산한다.

사례 193 건물가액은 없는 것으로 하고 매수인이 철거한 경우

Q 토지와 그 토지에 정착된 건물을 일괄양도하면서 건물가액은 없는 것으로 하고 매수인이 건물을 철거한 경우 양도가액은 어떻게 처리하여야 하나요?

부 동 산 매 매 계 약 서

매도인과 매수인 쌍방은 아래 표시 부동산에 관하여 다음 계약 내용과 같이 매매계약을 체결한다.
1. 부동산의 표시

소 재 지						
토 지	지 목		대지권		면 적	㎡
건 물	구조·용도		면 적			㎡

2. 계약내용
제 1 조 (목적) 위 부동산의 매매에 대하여 매도인과 매수인은 합의에 의하여 매매대금을 아래와 같이 지불하기로 한다.

매매대금	금	오억원(건물가액 0원) 정(₩)
계약금	금	원정은 계약시에 지불하고 영수함. 영수자(㊞)

|A| 사업자가 토지와 그 토지에 정착된 건물을 일괄양도하면서 계약서상에 토지 및 건물가액을 구분표시하되, 건물가액은 없는 것으로 하고 양수인이 양도받은 건물을 철거한 경우 매매계약 체결 당시 건물 철거가 예정되어 있고 실제 철거되었으며 계약서에 구분표시된 건물의 가액(0원)이 정상적인 거래 등에 비추어 합당하다고 인정되는 경우에는 건물의 취득가액은 0원이다.

이런 경우에는 매매계약서, 건물 노후화 상태, 사용 여부 및 철거현황 등 제반 사정을 종합하여 판단할 사항이다.

사례 194 1필지의 토지를 분할하여 양도하는 경우

|Q| 두 개의 용도지역으로 함께 지정된 1필지의 토지를 취득하여 각 용도지역별로 분할하여 등기한 후 양도하는 경우 양도차익계산은 어떻게 하나요?

|A| 두 개의 용도지역으로 함께 지정된 1필지의 토지를 취득하여 각 용도지역별로 분할하여 등기한 후 양도하는 경우 각 필지별 실지취득가액은 전체 취득가액에 그 양도하는 토지의 면적이 전체 토지의 면적에서 차지하는 비율을 곱하여 계산한 금액으로 한다.

(2) 실지거래가액이 확인되지 않는 경우(추계방법)

양도가액 또는 취득가액을 실지거래가액에 의하는 경우로서 장부·매매계약서·영수증 그 밖의 증빙서류에 의하여 그 자산의 양도 당시 또는 취득 당시의 실지거래가액을 인정 또는 확인할 수 없는 경우에는 다음의 추계방법을 순차로 적용하여 양도가액 또는 취득가액을 산정할 수 있다.

1. 양도가액의 추계결정: 매매사례가액 ⇨ 감정가액 ⇨ 기준시가
2. 취득가액의 추계결정: 매매사례가액 ⇨ 감정가액 ⇨ 환산취득가액 ⇨ 기준시가

① 매매사례가액: 양도일 또는 취득일 전·후 각 3개월 이내에 해당 자산(주권상장법인의 주식 등은 제외)과 동일성 또는 유사성이 있는 자산의 매매사례가 있는 경우 그 가액을 말한다. 다만, 매매사례가액이 특수관계인과의 거래에 따른 가액 등으로 객관적으로 부당하다고 인정되는 경우에는 이를 적용하지 않는다.

② 감정가액: 양도일 또는 취득일 전후 각 3개월 이내에 해당 자산(주식 등을 제외한다)에 대하여 둘 이상의 감정평가법인 등이 평가한 것으로서 신빙성이 있는 것으로 인정되는 감정가액(감정평가기준일이 양도일 또는 취득일 전후 각 3개월 이내인 것에 한정한다)이 있는 경우에는 그 감정가액의 평균액을 말한다. 다만, 기준시가가 10억원 이하인 자산(주식 등은 제외한다)의 경우에는 양도일 또는 취득일 전후 각 3개월 이내에 하나의 감정평가법인이 평가한 것으로서 신빙성이 있는 것으로 인정되는 경우 그 감정가액(감정평가기준일이 양도일 또는 취득일 전후 각 3개월 이내인 것에 한정한다)으로 한다.

③ 환산취득가액: 양도 당시의 실지거래가액·매매사례가액 또는 감정가액을 기준시가에 따라 환산한 취득가액을 말한다. 여기서 환산가액은 다음의 방법으로 산정한 가액을 말하며, 양도가액을 산정할 때에는 이러한 환산가액은 적용되지 않는다.

> 환산가액 = 양도 당시의 실지거래가액(또는 매매사례가액, 감정가액)
> × (취득 당시의 기준시가/양도 당시의 기준시가)

④ 기준시가: 「소득세법」의 규정에 따라 산정한 가액으로서 양도 당시 또는 취득 당시의 기준이 되는 가액을 말한다.

사례 195 양도가액을 실지거래가액으로 취득가액을 환산취득가액

Q 양도가액을 실지거래가액을 적용하여 양도차익을 계산하는 경우 취득가액을 실지거래가액을 적용하지 않고 환산취득가액으로 한 것은 동일기준원칙에 위배되나요?

A 양도가액을 실지거래가액으로 하는 경우 취득가액도 원칙적으로는 실지거래가액을 적용하여야 하는데 실지거래가액을 확인할 수 없어 추계방법을 적용하여 환산취득가액으로 하여 양도차익을 산정하더라도 동일 기준 원칙에 위배된다고 볼 수 없고 취득가액을 환산취득가액으로 계산하는 것은 적법하다.

사례 196 대물변제로 취득한 자산가액이 불분명한 경우

[Q] 채무액에 갈음하여 부동산으로 대물변제하는 경우로서 해당 자산가액이 불분명하여 취득 당시의 실지거래가액을 확인할 수 없는 때 취득가액은 어떻게 계산하나요?

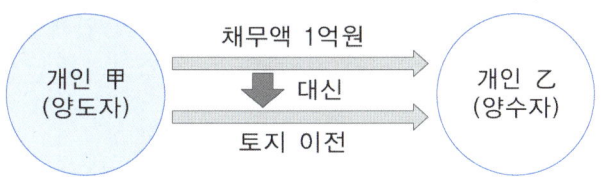

[A] 채무액에 갈음하여 부동산으로 대물변제하는 경우로서 해당 자산가액이 불분명하여 취득 당시의 실지거래가액을 확인할 수 없는 때에는 매매사례가액, 감정가액, 환산취득가액 등을 취득가액으로 한다.

사례 197 실제 취득가액은 확인되나 자본적 지출액이 확인되지 않는 경우 환산취득가액 적용 여부

[Q] 토지 취득 후 용도를 변경하고 토목공사 등을 하여 상당한 금액이 소요되었을 것으로 추정되나 자본적 지출액을 확인할 수 있는 자료를 제출하지 못하는 경우 취득가액을 환산취득가액으로 적용할 수 있나요?

[A] 거주자가 양도하는 토지의 실제 취득가액은 확인되나, 자본적 지출액이 증명서류 등에 의하여 확인되지 않는 경우에도 양도하는 토지의 취득가액을 환산취득가액에 따라 계산할 수 없다.

3 실지 양도가액 - 받은 금액의 합계액

(1) 양수인이 부담하기로 한 양도소득세는 양도자 부담분을 양수자가 대신 부담한 것으로 양도가액에 포함한다.

(2) 특수관계인에게 저가양도하여 세금부담을 감소시킨 경우 그 저가로 양도한 가액을 부인하고 시가를 양도가액으로 하여 다시 계산한다.

사례 198 매수자가 부담하는 연체이자

Q 택지분양권의 대금 지연으로 인해 확정된 청구인의 연체이자를 매수법인이 대신 납부한 경우 해당 연체이자를 양도차익 계산시 양도가액에 포함하나요?

A 택지분양권의 대금 지연으로 인해 확정된 청구인의 연체이자를 매수법인이 대신 납부한 사실이 확인된 경우 해당 연체이자를 양도가액에 포함하여 양도차익을 산정한다.

사례 199 보상금에 대한 재결에 불복하여 추가로 지급받는 지연손해금

Q 「공익사업을 위한 토지 등의 취득 및 보상에 관한 법률」의 규정에 의하여 사업시행자에게 양도되는 토지로서 보상금에 대한 재결에 불복하여 이의신청 또는 행정소송을 제기한 경우 법원의 판결에 따라 추가로 토지 보상금을 지급받는 지연손해금을 양도가액에 포함하나요?

A 「공익사업을 위한 토지 등의 취득 및 보상에 관한 법률」의 규정에 의하여 사업시행자에게 양도되는 토지로서 보상금에 대한 재결에 불복하여 이의신청 또는 행정소송을 제기하여 법원의 판결에 따라 토지보상금을 지급받으면서 추가로 지급받는 지연손해금은 지체이자 형식으로 받는 금액이기 때문에 양도가액에 포함되지 아니한다.

4 실지 취득가액

(1) 취득가액 계산시 포함

취득에 든 다음의 비용을 양도차익 계산시 양도가액에서 공제하되 필요경비로 인정받기 위해서는 지급사실을 증명할 수 있는 증빙서류를 제출하여야 한다.

① 해당 자산의 매입가액(건물을 신축한 경우에는 신축에 소요된 모든 비용)·취득세·등록면허세·부동산중개보수·법무사비용·컨설팅비용은 취득가액 계산시 포함한다.

  ▶ **주의** 취득세, 등록면허세 납부영수증이 없는 경우에도 필요경비로 인정된다.

② 취득에 관한 쟁송이 있는 자산에 대하여 그 소유권 등을 확보하기 위하여 직접 소요된 소송비용·화해비용 등의 금액은 취득가액 계산시 포함한다. 다만, 그 지출한 연도의 각 소득금액을 계산할 때 필요경비에 산입된 것은 제외한다.

  ▶ **주의** 취득관련 소송비용은 취득가액에 포함하나, 그 소송비용이 사업소득금액을 계산하는 경우 필요경비에 산입된 경우에는 취득가액에 포함하지 않는다.

③ 자산을 장기할부조건으로 매입하는 경우에 발생한 채무를 기업회계기준에 따라 현재가치로 평가하여 현재가치할인차금으로 계상한 경우 취득가액 계산시 포함한다. 다만, 양도자산 보유기간에 동 현재가치할인차금 상각액을 각 과세기간의 사업소득금액을 계산할 때 필요경비로 산입하였거나 산입할 금액이 있을 때에는 그 금액을 취득가액에서 공제한다.

> **주의** 현재가치할인차금 계상액
> 취득시 더 부담할 이자에 해당하기 때문에 취득가액에 포함된다.

④ 당사자 약정에 의한 대금지급방법에 따라 취득원가에 이자상당액을 가산하여 거래가액을 확정하는 경우 해당 이자상당액은 취득가액 계산시 포함한다.

> **주의** 부동산 취득대금에 충당하기 위한 대출금의 이자지급액은 취득가액에 포함하지 않는다.

⑤ 사업자가 면세전용과 폐업시 잔존재화에 대하여 납부하였거나 납부할 부가가치세는 잔존재화 양도시 양도소득의 취득가액으로 본다.

사례 200 취득시 납부한 제세공과금

Q 취득시 납부한 취득세·등록면허세 이에 부가되는 농어촌특별세 및 지방교육세와 인지세 등은 취득가액에 산입할 수 있나요?

A 취득시 납부한 취득세·등록면허세 이에 부가되는 농어촌특별세 및 지방교육세와 인지세 등은 취득가액에 산입하고, 취득세·등록면허세는 납부하고 납부영수증이 없는 때에도 취득가액에 포함하며,「지방세법」에 따라 취득세·등록면허세가 감면되는 경우에는 그 감면되는 취득세·등록면허세는 취득가액에 포함되지 않는다.

사례 201 매수자가 부담한 전 소유자의 양도소득세

Q 토지를 매수하면서 토지대금 이외에 매수자가 실제 부담한 사실이 확인된 전 소유자의 양도소득세는 매수자의 필요경비에 산입할 수 있나요?

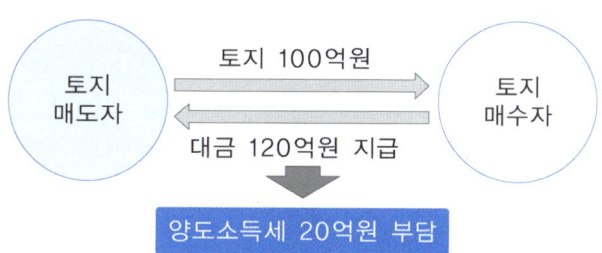

A 전 소유자에게 토지대금 이외에 양도소득세 등을 매수자가 부담하기로 약정하고 이를 실제 지급사실이 확인되는 경우 양도소득세는 매입원가로서 필요경비에 산입된다. 즉, 매도자 입장에서 양도가액에 포함하기 때문에 매수자는 실제 부담한 사실이 확인되는 경우 그 양도소득세를 필요경비에 산입하게 된다.

사례 202 양수인이 부담한 양도자의 연체료

Q 양도자가 분양대금 지연 납부로 발생한 연체이자를 양수자가 부담한 경우 필요경비에 산입할 수 있나요?

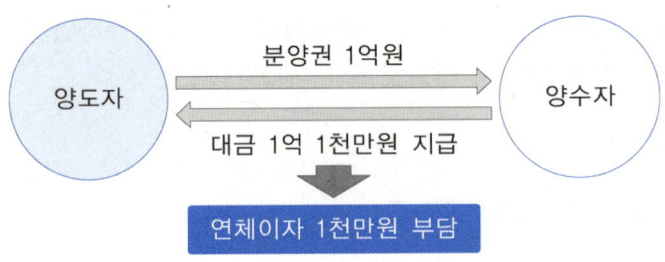

A 아파트분양권 등을 취득함에 있어서 양도자가 분양대금 지연 납부로 발생한 연체이자를 양수자가 부담하기로 약정하여 실제 납부를 하였다면 해당 자산의 필요경비에 산입된다.

사례 203 이혼시 재산분할로 취득한 자산의 취득가액

Q 이혼시 재산분할로 취득한 자산을 양도하는 경우 취득가액은 어떻게 계산하나요?

A 이혼시 재산분할로 취득한 자산을 양도하는 경우 필요경비에 산입할 취득가액은 전 소유자(배우자)가 그 자산을 취득한 당시의 취득가액에 재산분할로 인정받은 지분비율을 곱하여 계산한 금액으로 한다.

사례 204 이월과세 대상 자산의 취득가액

Q 거주자가 양도일부터 소급하여 10년 이내에 그 배우자(양도 당시 혼인관계가 소멸된 경우를 포함) 또는 직계존비속으로부터 증여받은 토지, 건물, 특정시설물이용권 또는 부동산을 취득할 수 있는 권리를 양도하는 경우 취득가액은 어떻게 계산하나요?

A 거주자가 양도일부터 소급하여 10년 이내에 그 배우자(양도 당시 혼인관계가 소멸된 경우를 포함) 또는 직계존비속으로부터 증여받은 토지, 건물, 특정시설물이용권 또는 부동산을 취득할 수 있는 권리를 양도하는 경우 증여한 배우자 또는 직계존비속이 취득한 당시의 취득가액을 적용하여 양도차익을 계산한다.

(2) 취득가액 계산시 제외

① 특수관계인으로부터 고가취득한 경우에는 신고한 그 고가로 취득한 가액을 부인하고 시가를 취득가액으로 다시 계산한다.

   ▶ **주의** 고가취득시 시가초과액은 취득가액 계산에 포함하지 않는다.

② 당초 약정에 의한 거래가액의 지급기일의 지연으로 인하여 추가로 발생하는 이자상당액은 취득가액 계산시 제외한다.

③ 「지적재조사에 관한 특별법」에 따른 경계의 확정으로 지적공부상의 면적이 증가되어 징수한 조정금은 취득가액에 포함하지 아니한다.

④ 취득에 관한 쟁송이 있는 자산에 대하여 그 소유권 등을 확보하기 위하여 직접 든 소송비용·화해비용 등의 금액으로서 그 지출한 연도의 각 소득금액의 계산에 있어서 필요경비에 산입된 것은 취득가액 계산시 제외한다.

⑤ 양도자산 보유기간에 그 자산에 대한 감가상각비로서 각 과세기간의 사업소득금액을 계산하는 경우 필요경비에 산입하였거나 산입할 금액이 있을 때에는 그 금액을 양도소득 필요경비에서 공제한다.

(3) 상속·증여받은 자산의 취득가액

① 상속 또는 증여받은 자산에 대하여 실지거래가액을 적용할 때에는 상속개시일 또는 증여일 현재 평가한 가액을 취득 당시의 실지거래가액으로 본다.

② 「상속세 및 증여세법」의 변칙적 거래에 따른 이익의 증여규정에 따라 증여세를 과세받은 경우에는 해당 증여재산가액 또는 그 증·감액을 취득가액에 더하거나 뺀다.

사례 205 매각컨설팅비용의 양도소득세 필요경비 포함 여부

Q 매수자가 이미 정해진 거래에서 그 매매대금의 협상을 위해 지출한 컨설팅용역비용이 양도소득세 필요경비에 포함되나요?

A 매수자가 이미 정해진 거래에서 그 매매대금의 협상을 위해 지출한 컨설팅용역비용은 「소득세법 시행령」에 따른 양도소득세 필요경비에 해당하지 않는 것이다.

사례 206 대항력 있는 임차인 전세보증금을 매수인이 부담한 경우 필요경비 해당 여부

Q 경락자가 경락받은 주택의 선순위 대항력 있는 임차인의 임차보증금을 부담한 경우, 그 경락받은 주택을 양도시 경락자가 부담한 임차보증금(구상권을 행사할 수 없음)이 취득가액에 포함되나요?

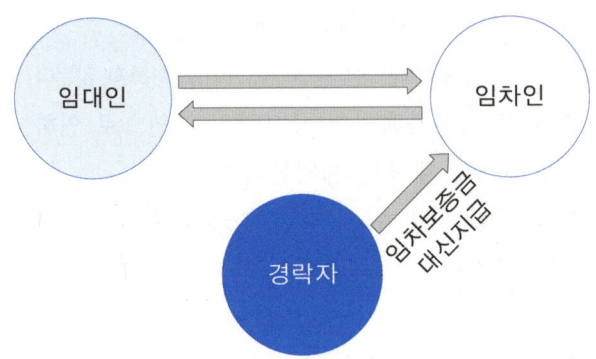

A 거주자의 양도차익을 계산할 때 양도가액에서 공제할 필요경비에는 「주택임대차보호법」 제3조에서 규정하는 대항력 있는 전세보증금(구상권을 행사할 수 없는 것에 한함)으로서 매수인이 부담하는 금액을 포함한다.

사례 207 상대방이 부담할 소송비용을 자기가 부담한 경우

Q 상대방이 부담할 소송비용을 자기가 부담한 경우 필요경비로 인정 가능한가요?

A 양도차익 계산에 있어서 필요경비로 공제할 소송비용은 취득에 관한 쟁송에서 직접 소요된 것으로 해당 거주자가 부담할 법적인 의무가 있는 소송비용만을 말하므로 소송상대방이 부담하도록 되어 있는 비용을 양도인이 부담한 경우 필요경비로 인정할 수 없다.

사례 208 분양권 전매 과정에서 발생한 손해배상금

Q 분양권이 여러 사람을 거쳐 전매되었으나 최종 명의 변경과정에서 중간 단계의 전매자가 누락되어 손해배상책임을 지게 된 경우 분양권 전매 과정에서 발생한 손해배상금을 필요경비로 인정할 수 있나요?

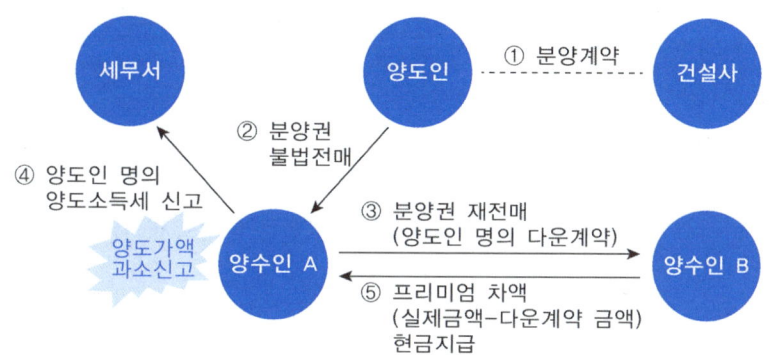

A 분양권이 여러 사람을 거쳐 전매되었으나 최종 명의 변경과정에서 중간 단계의 전매자가 누락되어 손해배상책임을 지게 된 경우 채무불이행 또는 불법행위로 인한 손해배상과 양도소득 사이에 법적 관련성이 없으므로 손해배상금을 양도가액에서 차감하거나 취득가액에서 필요경비로 공제되지 아니한다.

사례 209 선순위 임차인이 임차주택을 경락받음으로서 회수하지 못한 임차보증금의 취득가액 포함 여부

Q 해당 주택의 확정일자를 받은 1순위 채권자인 임차인이 그 해당 주택을 경락받아 양도하는 경우, 임차인이 회수하지 못한 임차보증금은 취득가액에 포함하나요?

- 2020년   甲은 A주택의 임차인으로서 A주택의 소유주와 임차보증금 1억 3천만원에 임대차계약을 체결하고 A주택 임차
  * 주민등록 이전 후 확정일자 받은 1순위 채권자임
- 2023년 6월   법원에 임차보증금 지급명령을 신청하였으나 회수되지 않아, 임차인이 A주택 임의경매 신청
- 2024년 12월   임차인이 A주택을 1억 5백만원에 낙찰
- 2025년 8월   경락 취득한 A주택을 1억 3천 8백만원에 매도

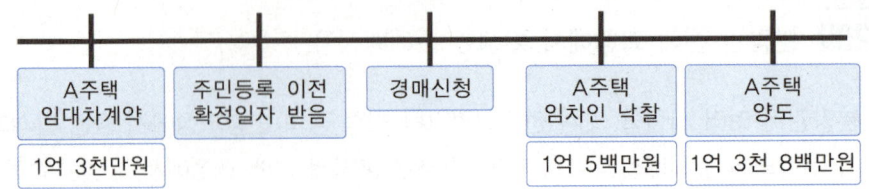

A 임차주택의 확정일자를 받은 선순위의 대항력 있는 임차인이 당해 임차주택에 대한 법원의 경매에서 그 임차주택을 경락받아 양도하는 경우 당해 임차인이 회수하지 못한 임차보증금은 취득가액에 포함한다.

사례 210 피상속인으로부터 상속받은 아파트분양권의 상속재산가액 산정방법

Q 피상속인이 아파트분양권을 취득하여 중도금을 납입하던 중 사망한 경우, 상속재산가액 산정방법은 어떻게 되나요?

• 2021년 xx월 xx일 피상속인 사망으로 신청인이 A아파트분양권을 상속받음
  * 피상속인이 계약금 및 1차 중도금을 기 납부한 상태로 상속이 개시되어, 상속인이 향후 남은 중도금과 잔금을 청산하여야 함

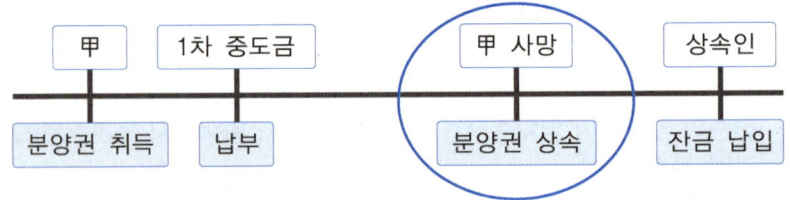

A 상속으로 취득한 부동산을 취득할 수 있는 권리는 상속개시일 현재의 시가로 평가하되, 시가를 산정하기 어려운 경우에는 「상속세 및 증여세법」상 보충적 평가방법에 따라 평가한다.

부동산을 취득할 수 있는 권리의 평가는 시가로 평가하되, 시가를 산정하기 어려운 경우 평가기준일까지 불입한 금액과 평가기준일 현재의 프리미엄에 상당하는 금액을 합한 금액으로 평가한다.

사례 **211** 자산의 대가를 물품으로 지급하는 경우

Q 토지나 건물을 취득하는 자가 해당 자산의 대가로서 금전 이외의 물품을 지급하고 그 양도 자산의 매매계약서상에는 물품 수량만이 명시된 경우에는 해당 자산의 취득가액은 어떻게 계산하나요?

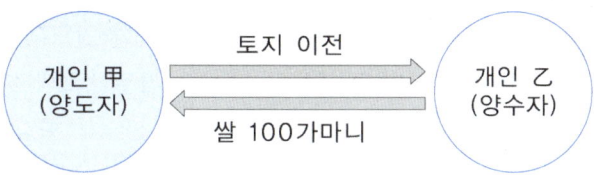

A 토지나 건물을 취득하는 자가 해당 자산의 대가로서 금전 이외의 물품을 지급하고 그 양도 자산의 매매계약서상에는 물품 수량만이 명시된 경우에는 해당 자산의 취득가액은 물품의 인도 당시의 시가에 의해 계산한 가액으로 한다.

사례 **212** 과다지급한 중개보수

Q 법정수수료보다 과다지급한 중개보수는 필요경비로 인정되나요?

A 지방자치단체의 조례에 정하여진 보수보다 많다고 하더라도 특단의 사정이 없는 한 실지 지급된 금액을 취득가액으로 인정한다.

사례 **213** 무등록 중개업자에게 지급한 중개보수

Q 무등록 중개업자에게 지급한 중개보수는 필요경비로 인정할 수 있나요?

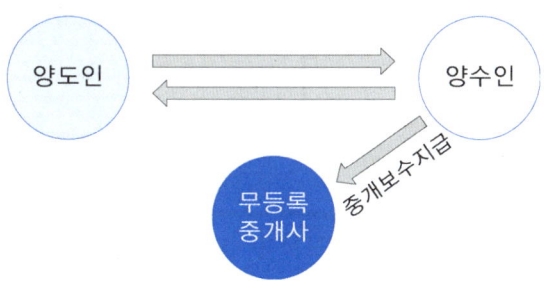

A 부동산을 양도하면서 무등록 중개업자에게 중개보수를 지급한 사실이 확인되는 경우 중개업자의 사업소득으로 과세함은 별론으로 하더라도, 양도소득 계산시 필요경비에 산입한다.

사례 214 취득시효 소송에 들어간 소송비용

Q 점유로 인한 취득시효완성으로 소유권이전 등기한 쟁점주택 취득시효 소송에 들어간 소송비용이 양도소득세 필요경비에 해당하나요?

A 취득에 관한 쟁송이 있는 자산에 대하여 그 소유권 등을 확보하기 위하여 직접 소요된 소송비용·화해비용 등의 금액으로서 그 지출한 연도의 각 소득금액의 계산에 있어서 필요경비에 산입된 것을 제외한 금액은 취득가액에 포함되는 것이며, 쟁점주택 취득시효 소송에 들어간 소송비용은 양도소득세 필요경비에 해당한다.

사례 215 일시불로 취득하여 할인받은 경우

Q 국가 또는 지방자치단체 등으로부터 자산을 분양받은 경우에 분양대금을 일시불로 지불하여 일정액을 할인받은 때 취득가액은 어떠한 금액으로 계산하나요?

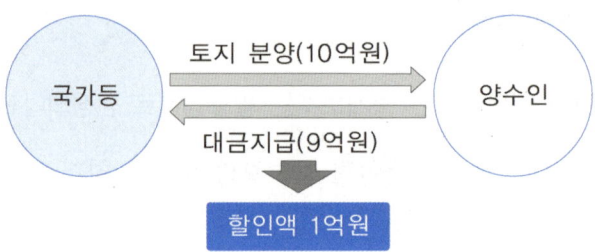

A 국가 또는 지방자치단체 등으로부터 자산을 분양받은 경우에 분양대금을 일시불로 지불하여 일정액을 할인받은 때에는 실지로 지불한 금액을 취득가액으로 한다. 즉, 약정된 금액에서 할인액을 차감한 할인된 금액을 취득가액으로 한다.

5 실지 필요경비

(1) 의의

거주자의 양도차익을 계산할 때 양도가액에서 공제할 필요경비는 해당 자산의 자본적 지출액(수익적 지출액 제외)·개발부담금과 재건축부담금 및 양도직접비용의 합계액인 실지필요경비로 한다.

> **주의** 자본적 지출액의 경우 그 지출에 관한 증명서류(세금계산서, 계산서, 신용카드매출전표, 현금영수증)를 수취·보관(5년)하거나 실제 지출사실이 금융거래(계좌이체 등) 증빙서류에 의하여 확인되는 경우에 한한다.

(2) 추계방법에 의한 취득가액을 환산취득가액으로 하는 경우

환산취득가액에 필요경비개산공제액을 더한 금액이 자본적 지출액에 양도비용을 더한 금액보다 적은 경우에는 자본적 지출액에 양도비용을 더한 금액을 필요경비로 할 수 있다.

> 필요경비 = MAX(①, ②)
> ① 환산취득가액 + 필요경비개산공제액
> ② 자본적 지출액 + 양도비용

(3) 자본적 지출액

자산에 비용지출로 인한 가치를 증가시키는 경우와 내용연수를 증가시키는 경우 및 다음의 비용은 자본적 지출액[지출에 관한 증명서류(세금계산서, 계산서, 신용카드 매출전표, 현금영수증)를 수취·보관(5년)하거나 실제 지출사실이 금융거래(계좌이체 등) 증빙서류에 의하여 확인되는 경우에 한함]으로 필요경비에 포함한다. 그러나 유지보수 차원에서 지출된 비용인 수익적 지출액은 필요경비로 인정되지 않는다.
① 본래의 용도를 변경하기 위한 개조(주택의 이용편의를 위한 베란다 샤시, 거실 및 방 확장공사비, 난방시설 교체비 등의 내부시설의 개량을 위한 공사비)
② 엘리베이터 또는 냉난방장치의 설치, 빌딩 등의 피난시설 등의 설치
③ 재해 등으로 인하여 건물·기계·설비 등이 멸실 또는 훼손되어 해당 자산의 본래 용도로의 이용가치가 없는 것의 복구
④ 양도 자산을 취득한 후 쟁송이 있는 경우에 그 소유권 확보를 위하여 직접 소요된 소송비용·화해비용 등의 금액
⑤ 양도 자산의 용도변경·개량 또는 이용편의를 위하여 지출한 비용(재해·노후화 등 부득이한 사유로 인하여 건물을 재건축한 경우 그 철거비용을 포함한다)

(4) 개발부담금 및 재건축부담금

주택재건축사업에서 발생되는 초과이익을 환수하기 위하여 부과징수하는 「개발이익 환수에 관한 법률」에 따른 개발부담금과 「재건축초과이익 환수에 관한 법률」에 따른 재건축부담금

(5) 양도직접비용

자산을 양도하기 위하여 직접 지출한 비용으로서 그 지출에 관한 증명서류를 수취·보관하거나 실제 지출사실이 금융거래 증명서류에 의하여 확인되는 다음에 해당하는 비용으로 한다.
① 「증권거래세법」에 따라 납부한 증권거래세
② 양도소득세과세표준 신고서 작성비용 및 계약서 작성비용

③ 공증비용, 인지대 및 소개비
④ 매매계약에 따른 인도의무를 이행하기 위하여 양도자가 지출하는 명도비용
⑤ 「하천법」·「댐건설 및 주변지역지원 등에 관한 법률」 그 밖의 법률에 따라 시행하는 사업으로 인하여 해당사업구역 내의 토지소유자가 부담한 수익자부담금 등의 사업비용
⑥ 토지이용의 편의를 위하여 지출한 장애철거비용
⑦ 토지이용의 편의를 위하여 해당 토지 또는 해당 토지에 인접한 타인 소유의 토지에 도로를 신설한 경우의 그 시설비
⑧ 토지이용의 편의를 위하여 해당 토지에 도로를 신설하여 국가 또는 지방자치단체에 이를 무상으로 공여한 경우의 그 도로로 된 토지의 취득 당시 가액
⑨ 사방사업에 소요된 비용

(6) 토지·건물을 취득할 경우 법령 등의 규정에 따라 매입한 국민주택채권 및 토지개발채권을 만기 전에 양도함으로써 발생하는 매각차손. 이 경우 기획재정부령으로 정하는 금융기관 외의 자에게 양도한 경우에는 동일한 날에 금융기관에 양도하였을 경우 발생하는 매각차손을 한도로 한다.

> **주의** 수익적 지출액, 양도간접비용, 택지초과소유부담금, 재평가차액은 필요경비에 포함되지 않는다.

사례 216 전 소유자를 대신하여 임차인에게 지급한 이주비

Q 부동산의 양도에 대한 양도차익을 실지거래가액에 의하여 산정하는 경우 전 소유자를 대신하여 임차인에게 지급한 이주비는 필요경비로 인정 가능한가요?

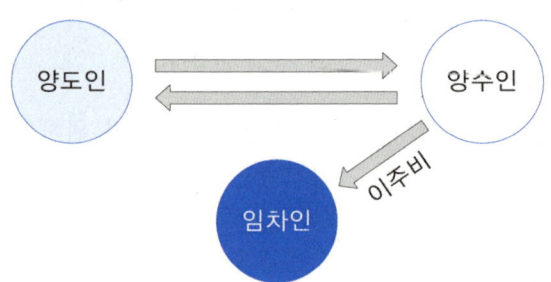

A 부동산의 양도에 대한 양도차익을 실지거래가액에 의하여 산정하는 경우의 취득 및 양도가액은 그 자산의 취득 및 양도 당시 거래된 실지거래가액에 의하는 것이며 전 소유자를 대신하여 임차인에게 지급하는 이주비 등은 필요경비에 산입하지 아니한다.

사례 217 계약 위반에 따른 지체상금

Q 매도자의 귀책사유로 매수자에게 지급한 지체상금은 취득가액으로 인정할 수 있나요?

A 양도가액은 해당 자산의 양도 당시의 양도자와 양수자 간에 실제로 거래한 가액 또는 거래 당시 급부의 대가로 실제 약정된 금액을 뜻하는 것으로 매도자의 귀책사유로 매수자에게 지급한 지체상금은 취득가액으로 인정되지 않는다.

사례 218 전매사실 은폐대가의 사례금

Q 전매사실 은폐대가의 사례금을 필요경비로 인정할 수 있나요?

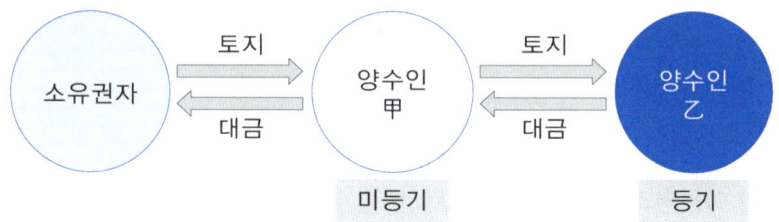

A 미등기 전매자가 원 매도인으로부터 전 매수자에게 직접 등기 이전하게 하고 원 매도인에게 지급한 사례금은 필요경비에 해당하지 아니한다.

사례 219 사방지 지정해제 변상금의 양도자산 필요경비 해당 여부

Q 임야를 매입하여 과수원으로 개간하기 위하여 사방지 지정해제에 따른 변상금을 도청에 납부한 경우 양도소득의 필요경비에 해당하는지요?

A 사방지로 지정된 임야를 과수원으로 용도변경하기 위하여 「사방사업법 시행령」 제19조에 따라 사방지 지정해제를 위한 변상금으로서 '사방사업시행에 소요된 금액'을 지방자치단체의 장에게 납부하는 경우 해당 비용은 양도소득의 필요경비에 해당하는 것이다.

본인 소유의 사방지로 지정된 '임야'를 '과수원'으로 개간하는 과정에서 사방지 지정을 해제하여야 토지의 형질변경 및 지목변경이 가능하고 사방지 지정해제권자인 시장·군수·구청장 또는 지방산림청장은 사방지 지정 해제를 허가할 수 있고, 사방지의 지정을 해제 받으려는 자는 '사방사업 시행에 소요된 금액'을 사방시설의 관리자에게 변상하여야 하는바(「사방사업법」 제21조) 이는 토지의 객관적 가치를 증대시키는데 필수적으로 소요되는 비용으로서 자본적 지출에 해당하는 것으로, 양도자산의 용도변경·개량 또는 이용편의를 위하여 지출한 비용에 해당하여 필요경비로 인정된다(부동산거래관리과-3, 2013.01.04).

사례 220 분양권 취득시 지급한 프리미엄

Q 분양권 취득시 지급한 프리미엄을 필요경비로 인정할 수 있나요?

A 분양계약서에 나타나는 분양가액을 취득가액으로 볼 수 있다 할 것이고, 프리미엄을 추가로 지급한 것이 확인될 경우 필요경비로 인정하는데 분양권 취득시 지급한 프리미엄은 납세자가 입증하여야 한다.

사례 221 베란다 샤시, 거실 확장공사비 등

Q 주택의 이용편의를 위한 베란다 샤시, 방 확장 등의 내부시설개량 공사비는 필요경비로 인정되나요?

A 거주자의 양도차익의 계산에 있어서 양도자산의 용도변경 및 개량을 위하여 지출한 비용과 양도자산의 이용편의를 위하여 지출한 비용에 해당하는 설비비와 개량비, 그리고 본래의 용도를 변경하기 위한 개조비용 등의 자본적 지출액 등은 관한 증명서류(세금계산서, 신용카드매출전표 등)를 수취·보관하거나 실제 지출사실이 금융거래(계좌이체 등) 증빙서류에 의하여 확인되는 경우 양도차익 계산상 필요경비로 인정하도록 규정하고 있다.

쟁점주택의 내부시설공사는 쟁점주택의 이용편의를 위한 베란다 샤시, 방 확장 등의 내부시설의 개량을 위한 것으로 보아 증명서류(세금계산서, 신용카드매출전표 등)를 수취·보관하거나 실제 지출사실이 금융거래(계좌이체 등) 증빙서류에 의하여 확인되는 경우 필요경비에 해당된다.

사례 222 타인 토지에 도로를 신설한 경우

Q 토지의 이용편의를 위하여 타인 토지에 진입도로 개설공사비로 지출한 비용은 필요경비로 인정할 수 있나요?

A 토지를 양도한 경우로서 토지의 이용편의를 위하여 타인 소유의 토지에 진입도로 개설공사비로 지출한 비용은 자본적 지출액으로 보아 증명서류(세금계산서, 신용카드매출전표 등)를 수취·보관하거나 실제 지출사실이 금융거래(계좌이체 등) 증빙서류에 의하여 확인되는 경우 필요경비에 해당한다.

사례 223 타인 토지에 건물 신축을 위한 부지조성비

Q 타인 소유의 토지에 대한 사용승낙을 받아 건물부지로 조성한 다음 그 지상에 건물을 신축한 경우 건물 신축을 위한 부지조성비는 필요경비로 인정할 수 있나요?

A 타인 소유의 토지에 대한 사용승낙을 받아 건물부지로 조성한 다음 그 지상에 건물을 신축한 경우 건물부지 조성공사가 해당 건물을 신축하는데 필수불가결한 준비행위라면 해당 건물부지 조성공사 비용은 건물을 취득하는데 필요한 부수비용으로서 증명서류(세금계산서, 신용카드매출전표 등)를 수취·보관하거나 실제 지출사실이 금융거래(계좌이체 등) 증빙서류에 의하여 확인되는 경우 필요경비로 인정한다.

사례 224 비거주자가 이축권을 양도하는 경우 필요경비 공제 여부

Q 비거주자인 A씨는 국내에 보유하고 있던 그린벨트 내 토지와 주택이 지방자치단체에 수용되면서 이축권(移築權)을 받았으며 이를 양도할 계획이다. A씨는 세 곳의 국내사업장을 가지고 있으며, 해당 국내사업장은 모두 부동산임대업에 활용하고 있다. 이 경우 이축권의 양도에 대한 국내원천소득금액 계산 시 비거주자의 경우에도 거주자와 마찬가지로 필요경비를 공제할 수 있는지요?

A 비거주자의 국내원천 부동산소득에 대한 소득세의 과세표준과 세액의 계산에 관하여는 「소득세법」에 따라 거주자에 대한 소득세의 과세표준과 세액의 계산에 관한 규정을 준용하여 종합과세되는 것으로, 비거주자의 이축권 양도소득에 대해서는 기타소득에 대한 필요경비 규정이 적용되는 것이다. 비거주자가 이축권을 양도하고 발생한 소득은 국내원천 부동산소득에 해당되어 종합과세 하는 것이므로 그 국내원천소득을 계산함에 있어서는 거주자의 계산방법을 준용하여 필요경비를 공제함이 타당하다.

사례 225 주택 출입을 위하여 축조한 교량의 공사비

Q 주택 출입을 위하여 축조한 교량의 공사비는 필요경비로 인정할 수 있나요?

A 거주자가 주택으로의 출입의 편의를 위하여 해당 주택의 부수토지에 바로 연접해 있는 하천에 교량을 축조한 경우 해당 주택과 부수토지에 대한 양도차익을 실지거래가액으로 산정함에 있어 해당 교량의 공사비가 증명서류(세금계산서, 신용카드매출전표 등)를 수취·보관하거나 실제 지출사실이 금융거래(계좌이체 등) 증빙서류에 의하여 확인되는 경우 필요경비로 인정된다.

사례 226 낙찰자가 전 소유자의 관리비를 부담한 경우

Q 경매 등으로 낙찰받은 자가 전 소유자가 부담하여야 할 각종 체납된 경비를 부담(법적인 지급 의무 없이 대신 지급)한 경우 필요경비로 인정할 수 있나요?

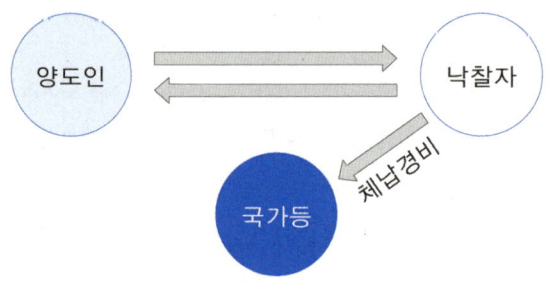

A 경매 등으로 낙찰받은 자가 전 소유자가 부담하여야 할 각종 체납된 경비를 법적인 지급 의무 없이 대신 지급한 경우에는 양도가액에서 공제하는 필요경비에 해당하지 아니한다.

사례 227 벽지·장판 또는 싱크대 교체비용 등

Q 주택의 내부시설 공사비 중 도배 및 장판 수리비 등은 필요경비로 인정되나요?

A 정상적인 수선 또는 부동산 본래의 기능을 유지하기 위한 경미한 개량인 벽지·장판의 교체, 싱크대 및 주방기구 교체비용, 옥상 방수공사비, 타일 및 변기공사비 등은 수익적 지출에 해당되므로 필요경비에 산입되지 아니한다.

사례 228 토양복원비용이 필요경비에 해당하는지 여부

Q 주유소를 운영하는 사업자가 「토양환경보전법」 제13조 규정에 따라 주유소 토지의 기름오염 정도를 조사하기 위한 오염검사비와 동법 제10조 규정에 따라 해당 오염된 토지를 복원하기 위한 토지복원공사비(그 토지 가치의 원상을 회복할 정도의 지출비용)를 지출(약 3억원 지출)한 경우, 당해 비용은 「소득세법」 제97조 제1항 제2호 규정의 '자본적 지출'에 해당하나요?

A 청구인들은 토양오염 정화비를 양도소득의 필요경비(자본적 지출액 또는 양도비)로 공제하여야 한다고 주장하나, 자본적 지출액은 해당 자산의 가치를 현실적으로 증가시키기 위하여 지출한 비용인 반면, 이 건의 토양오염 정화비는 주유소 사업으로 오염된 토지를 정화함으로써 토지 본래의 기능을 회복하기 위한 비용인 점, 양도비는 해당 자산을 양도하기 위해 지출한 비용으로서 양도자에게 그 지급의무가 있어야 할 것이나 청구인들에게 이 건의 토양오염 정화비를 지급할 의무가 있다고 할 수는 없으므로 필요경비로 인정되지 않는다.

사례 229 철거된 건물의 취득가액과 철거비용

Q 토지와 건물을 함께 취득한 후 토지의 이용 편의를 위하여 당해 건물을 철거하고 토지만을 양도하는 경우로서 그 양도차익을 산정하는 경우 철거된 건물의 취득가액과 철거비용은 필요경비로 인정되나요?

A 토지와 건물을 함께 취득한 후 토지의 이용 편의를 위하여 해당 건물을 철거하고 토지만을 양도하는 경우 철거된 건물의 취득가액과 철거비용의 합계액에서 철거된 잔존처분가액을 뺀 잔액을 양도자산의 필요경비에 산입하며, 기존건물을 취득하여 단시일 내에 기존건물을 헐고 건물을 신축하여 양도한 경우 양도자산의 필요경비로 산입할 수 있다.

사례 230 부동산을 경매로 취득한 후 세입자에게 지출한 이사비용

Q 경매로 낙찰 받은 주택의 전소유자가 퇴거를 하지 않음에 따라 법원에 인도명령신청을 하고, 전소유자의 가전·가구에 대한 경매에 직접 참여하여 낙찰받고, 전소유자의 이사비용을 지급한 경우 해당 이사비용이 취득에 관한 쟁송 또는 취득한 후 쟁송이 있는 경우 그 소유권을 확보하기 위해 직접 소요된 소송비용·화해비용 등에 해당하는지요?

A 경매로 취득한 주택의 점유를 이전받기 위하여 전 소유자에게 법적 의무 없이 지급한 이사비용은 「소득세법 시행령」에 따른 화해비용에 해당하지 않는 것이다. 전소유자에게 이사비용을 지원하더라도 그 비용은 법적 의무 없이 오로지 경락인의 입주편의를 위해 임의 지급한 비용일 뿐, 주택의 취득 효력과는 직접 관련 없는 비용이므로 취득가액 또는 자본적 지출액으로 인정되는 화해비용으로 보기 어렵다.

사례 231 장애철거 등에 지출한 비용

Q 토지의 이용 편의를 위하여 지출한 묘지이장비와 토지소유자가 토지를 양도하면서 불법 건축되어 있던 무허가 건물을 매수·철거하는데 지출한 비용은 필요경비로 인정되나요?

A 토지의 이용편의를 위하여 지출한 묘지이장비는 필요경비에 해당되는 것이며, 토지소유자가 토지를 양도하면서 불법 건축되어 있던 무허가 건물을 매수·철거하는데 지출한 비용도 양도 자산의 필요경비에 해당된다.

사례 232 매매대금으로 받은 수표가 부도처리된 경우

Q 매매대금으로 받은 수표나 어음 등이 부도처리된 경우에도 양도가액에서 필요경비로 공제하나요?

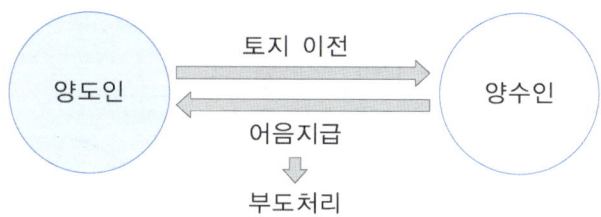

A 매매대금으로 받은 수표나 어음 등이 부도처리된 경우에 받은 금액은 경비로 인정되지 않기 때문에 양도가액에서 필요경비로 공제하지 아니한다.

사례 233 매각컨설팅비용의 양도소득세 필요경비 포함 여부

Q 매수자가 이미 정해진 거래에서 그 매매대금의 협상을 위해 지출한 매각컨설팅비용이 양도소득세 필요경비에 포함되나요?

A 토지와 건물을 함께 취득한 후 해당 건물을 철거하여 토지만을 양도하거나, 새로 건물을 건축하여 그 건물과 함께 양도하는 경우 철거된 기존건물의 취득가액은 토지와 기존건물의 취득이 당초부터 건물을 철거하여 토지만을 이용하려는 목적이었음이 명백한 것으로 인정되는 경우에 한하여 양도자산의 필요경비로 산입할 수 있다. 그러나 매수자가 이미 정해진 거래에서 그 매매대금의 협상을 위해 지출한 매각컨설팅용역비용은 필요비용에 해당하지 않는다.

사례 234 건물의 용도변경 또는 대수선 공사비용

Q 건물을 구입 후 건물 전체의 용도를 변경하거나, 대수선 공사를 한 경우에는 자산의 개량을 위한 지출비용은 필요경비로 인정되나요?

A 건물을 구입 후 건물 전체의 용도를 변경하거나, 대수선 공사를 한 경우에는 자산의 개량을 위한 지출비용(자본적 지출액)으로 보아 증명서류(세금계산서, 신용카드매출전표 등)를 수취·보관하거나 실제 지출사실이 금융거래(계좌이체 등) 증빙서류에 의하여 확인되는 경우 필요경비에 산입된다.

사례 235 상속받은 주택의 취득가액

Q 아버지로부터 상속받은 A주택을 양도할 예정입니다. 양도소득세 계산시 취득가액을 어떻게 계산하나요?

- 2012년 1월 당초 취득가액(아버지): 2억원
- 2021년 7월 상속개시일 현재 시가: 8억원

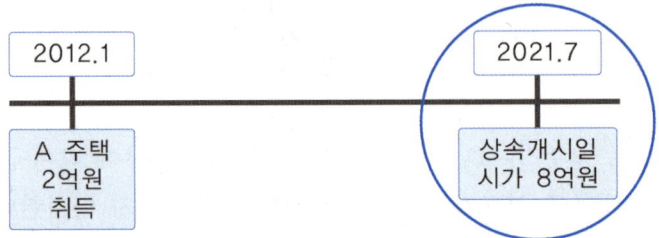

A 상속받은 주택을 양도하는 경우 취득가액은 상속개시일 현재의 시가이다. 상속개시일 현재 시가인 8억원을 취득가액으로 하여 양도소득세를 계산한다.

사례 236 취득세, 중개보수, 양도소득세 신고비용을 필요경비

Q A주택 취득·양도 과정에서 취득세, 중개보수, 양도소득세 신고비용을 지출했습니다. A주택 양도시 이러한 비용을 공제받을 수 있나요?

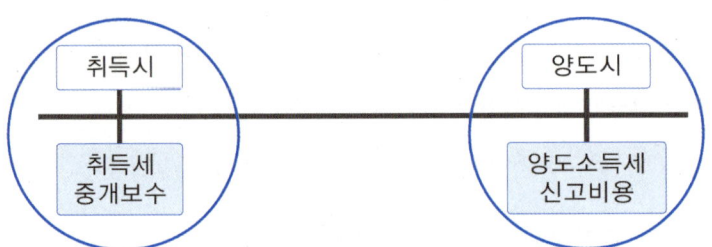

A 취득세, 중개보수, 양도소득세 신고비용은 세법에서 열거한 필요경비에 해당하므로 공제 가능하다. 이 경우 공제를 받기 위해서는 증명서류를 수취·보관하거나 실제 지출사실이 금융거래 증명서류에 의하여 확인되어야 한다. 취득세의 경우는 납부영수증이 없어도 공제받을 수 있다.

6 장기보유특별공제(자산별 공제)

(1) 적용요건

① 국내 소재 토지(비사업용 토지 포함)·건물로서 등기되고 보유기간이 3년 이상인 것
② 조합원입주권(조합원으로부터 취득한 것 제외하며, 「도시 및 주거환경정비법」에 따른 관리처분계획인가 전 토지분, 건물분의 양도차익으로 한정한다)

> **주의** 국외자산 양도시는 장기보유특별공제를 적용하지 않는다.

(2) 장기보유특별공제 배제(④, ⑤, ⑥, ⑦의 경우 2025년 5월 9일까지는 장기보유특별공제 적용 가능)

① 토지·건물·조합원입주권이 아닌 자산을 양도한 경우
② 보유기간 3년 미만의 부동산을 양도한 경우
③ 미등기 양도자산을 양도한 경우
④ 조정대상지역에 있는 주택으로서 1세대 2주택에 해당하는 주택
⑤ 조정대상지역에 있는 주택으로서 1세대가 주택과 조합원입주권 또는 분양권을 1개 보유한 경우의 해당 주택
⑥ 조정대상지역에 있는 주택으로서 1세대 3주택 이상에 해당하는 주택
⑦ 조정대상지역에 있는 주택으로서 1세대가 주택과 조합원입주권 또는 분양권을 보유한 경우로서 그 수의 합이 3 이상인 경우의 해당 주택

(3) 장기보유특별공제율

① 일반적인 경우: 양도차익에 다음에 규정된 보유기간별 공제율(매년 2%씩 증가: 한도 30%)을 곱하여 계산한다.

$$장기보유특별공제 = 양도차익 \times 공제율(매년 2\%씩 증가: 한도 30\%)$$

보유기간	공제율	보유기간	공제율
3년 이상 4년 미만	양도차익 × 6%	9년 이상 10년 미만	양도차익 × 18%
4년 이상 5년 미만	양도차익 × 8%	10년 이상 11년 미만	양도차익 × 20%
5년 이상 6년 미만	양도차익 × 10%	11년 이상 12년 미만	양도차익 × 22%
6년 이상 7년 미만	양도차익 × 12%	12년 이상 13년 미만	양도차익 × 24%
7년 이상 8년 미만	양도차익 × 14%	13년 이상 14년 미만	양도차익 × 26%
8년 이상 9년 미만	양도차익 × 16%	14년 이상 15년 미만	양도차익 × 28%
		15년 이상	양도차익 × 30%

② 1세대 1주택: 1세대 1주택에 해당하는 자산의 경우에는 그 자산의 양도차익에 보유기간별 공제율(매년 4%씩 증가)을 곱하여 계산한 금액과 거주기간별 공제율(매년 4%씩 공제)을 곱하여 계산한 금액을 합산(최대 80% 한도)한 것을 말한다. 다만, 고가 겸용주택의 경우 주택부분이 주택 이외 부분보다 더 크더라도 주택부분만 주택으로 보아 1세대 1주택에 대한 장기보유특별공제율을 적용한다.

장기보유특별공제 = 양도차익 × 공제율(보유기간별 공제율: 매년 4%씩 증가 + 거주기간별 공제율: 매년 4%씩 증가 = 한도: 80%)

보유기간	공제율	거주기간	공제율
3년 이상 4년 미만	100분의 12	2년 이상 3년 미만	100분의 8
		3년 이상 4년 미만	100분의 12
4년 이상 5년 미만	100분의 16	4년 이상 5년 미만	100분의 16
5년 이상 6년 미만	100분의 20	5년 이상 6년 미만	100분의 20
6년 이상 7년 미만	100분의 24	6년 이상 7년 미만	100분의 24
7년 이상 8년 미만	100분의 28	7년 이상 8년 미만	100분의 28
8년 이상 9년 미만	100분의 32	8년 이상 9년 미만	100분의 32
9년 이상 10년 미만	100분의 36	9년 이상 10년 미만	100분의 36
10년 이상	100분의 40	10년 이상	100분의 40

사례 237 주택 부수토지가 주택보다 보유기간이 긴 경우

Q 1세대 1주택에 딸린 토지를 양도하는 경우로서 주택보다 보유기간이 오래된 주택 부수토지에 대한 장기보유특별공제는 어떻게 적용하나요?

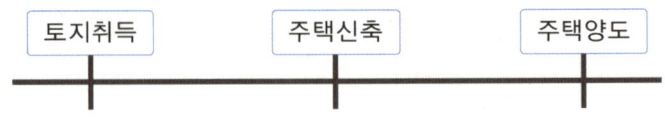

A 「소득세법」 제95조 제2항을 적용할 때 1세대 1주택에 딸린 토지를 양도하는 경우로서 주택보다 보유기간이 오래된 주택 부수토지에 대한 장기보유특별공제는 그 토지의 전체 보유기간에 따른 공제율(매년 2%씩 증가: 한도 30%)과 주택 부수토지로서의 보유기간에 따른 공제율(보유기간에 따른 공제율 + 거주기간에 따른 공제율) 중 큰 공제율을 적용한다.

사례 238 장기보유특별공제를 적용하기 위한 보유기간 및 거주기간

Q 2주택 이상을 보유한 1세대가 1주택 외의 주택을 모두 양도하고, 남은 1주택(고가주택)을 2021년 1월 1일 이후 양도하는 경우, 장기보유특별공제를 적용하기 위한 보유기간 및 거주기간은 언제부터 계산하나요?

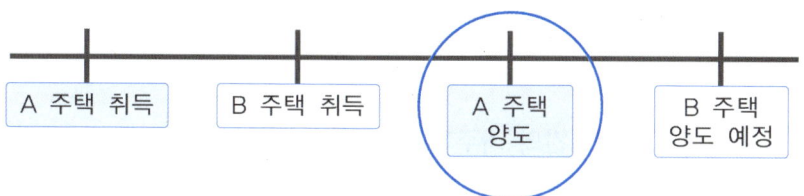

A 2주택 이상을 보유한 1세대가 1주택 외의 주택을 모두 양도하고, 남은 1주택(고가주택)을 2021년 1월 1일 이후 양도하는 경우라도 장기보유특별공제를 적용하기 위한 보유기간은 처음 취득한 날부터 양도일까지로 계산하며, 거주기간은 취득일 이후 전 세대원이 실제 거주한 기간에 따라서 계산한다.

사례 239 상속받은 주택 장기보유특별공제 산정시 보유·거주기간 계산

Q 무주택자인 甲은 동일세대인 부친이 2013년 10월 20일 취득하여 보유하고 있던 A주택을 2020년 4월 10일 부친의 사망으로 상속을 받았습니다. 甲은 상속받은 A주택을 2024년 10월 15일 20억원에 양도한 경우 장기보유특별공제를 적용할 때 부친이 보유·거주한 기간도 통산하여 장기보유특별공제를 적용받을 수 있는지요?

A 1세대 1주택자가 2년 이상 거주한 주택을 양도하는 경우 보유기간 및 거주기간에 대하여 연 4%(최대 80%)의 장기보유특별공제율을 적용받을 수 있으며, 상속받은 주택의 장기보유특별공제율 계산시 보유기간 및 거주기간은 상속인이 상속주택을 취득한 날(상속개시일)로부터 계산하는 것이다. 따라서 甲은 상속으로 취득한 A주택을 4년 6개월 보유·거주하다 양도하였으므로 1세대 1주택 장기보유특별공제율은 24%(보유기간 3년 이상 12%와 거주기간 3년 이상 12%)가 적용된다. 상속주택 양도시 1세대 1주택 비과세 여부를 판정할 때에는 피상속인과 동일세대원으로서 피상속인이 보유·거주한 기간을 통산하는 것이나 1세대 1주택 장기보유특별공제율을 계산할 때에는 피상속인과 동일세대원으로서 보유·거주한 기간을 통산하지 않고 상속주택을 취득한 날(상속개시일)부터 계산하는 것이다.

구 분	동일세대원	별도세대원
1세대 1주택 비과세 요건	동일세대로서 보유·거주한 기간 통산	상속개시일부터 보유·거주기간 기산
1세대 1주택 장기보유특별공제공제율 계산	상속개시일부터 보유·거주기간 기산	상속개시일부터 보유·거주기간 기산

사례 240 해외파견 근무기간의 거주기간 산입 여부

Q〉 배우자의 해외 근무 후 본국에 귀국하여 소유주택을 양도하는 경우 장기보유특별공제율 적용(보유기간별 4%씩 증가, 거주기간별 4%씩 증가)시 해당 소유주택에 주민등록지를 두고 세대전원이 출국하여 거주하지 않은 기간(퇴거기간)을 소유주택의 거주기간에 산입할 수 있나요?

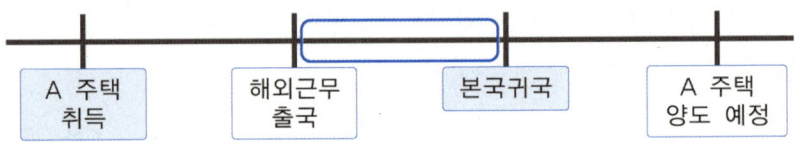

A〉 국외거주를 필요로 하는 근무상의 형편 등 부득이한 사유로 세대전원이 출국하여 거주하지 않은 기간은 「소득세법」 제95조 제2항의 '표2'에 따른 거주기간에 포함하지 않는다.

사례 241 근무상 형편으로 거주하지 않은 기간을 포함할 수 있는지 여부

Q〉 「소득세법」 제95조 제2항에 따른 장기보유특별공제율 [표2]의 거주기간 산정시 근무상 형편으로 세대전원이 거주하지 않은 기간을 포함할 수 있나요?

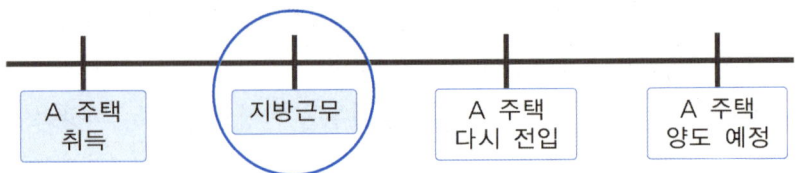

A 「소득세법」 제95조 제2항에 따른 [표2]의 공제율 적용시 근무상 형편 등으로 세대 전부가 거주하지 못한 기간은 공제대상 거주기간에 포함하지 않는 것이다. 즉, 실제로 거주한 기간만 거주기간으로 인정하여 공제율을 적용한다. 다만, 세법에서 정한 일시적 퇴거사유(직장, 학업 등)에 해당하는 경우 일부 세대원이라도 거주했으면 세대전원이 거주하는 것으로 인정되어 80% 한도 내에서 공제받을 수 있다.

사례 242 주택면적이 더 큰 겸용주택의 경우 장기보유특별공제액 계산

Q 1세대가 주택의 면적이 주택 외의 면적보다 큰 겸용주택 1채만을 10년 이상 소유 및 10년 이상 거주하다가 양도한 경우 장기보유특별공제율을 어떻게 적용하나요?

A 주택의 면적이 주택 외의 면적보다 큰 겸용주택 1채만을 10년 이상 소유 및 10년 이상 거주하다가 양도한 경우에는 건물 전체를 주택으로 보아 보유기간에 따른 공제율(매년 4%씩 증가)과 거주기간에 따른 공제율(매년 4%씩 증가)을 합하여 장기보유특별공제율(최대 80% 한도)을 적용한다.
그러나 고가 겸용주택의 경우 주택부분이 더 크더라도 주택부분만 주택으로 보아 1세대 1주택에 대한 장기보유특별공제율을 적용한다.

사례 243 일시적 2주택으로서 과세대상인 경우 장기보유특별공제율

Q 일시적 2주택으로서 과세대상인 경우 장기보유특별공제율을 어떻게 적용하나요?

A 장기보유특별공제액을 계산함에 있어 일시적 1세대 2주택으로서 과세대상인 경우에는 1세대 1주택에 해당하는 자산으로 보아 양도차익에 공제율을 곱하여 계산한다. 자산의 보유기간이 10년 이상이고 거주기간이 10년 이상인 경우 공제율은 최대 100분의 80을 적용하는 것이다.

> **참고** 1세대 2주택이나 1주택으로 보는 경우
>
> 1. 일시적 1세대 2주택
> 2. 상속을 포함한 1세대 2주택
> 3. 공동상속주택 소수지분을 제외한 1주택
> 4. 동거봉양·혼인으로 인한 1세대 2주택
> 5. 문화재주택을 포함한 1세대 2주택
> 6. 농어촌주택을 포함한 1세대 2주택
> 7. 주택으로 의제되어 비과세규정을 적용받는 조합원입주권
> 8. 조합원입주권으로 인한 1세대 2주택
> 9. 장기저당담보주택으로 인한 1세대 2주택
> 10. 「조세특례제한법」 규정에 의하여 비과세 판정시 주택으로 보지 않는 감면주택으로 인한 1세대 2주택

(4) 보유기간

보유기간은 자산의 취득일(초일 산입)부터 양도일까지 3년 이상의 기간을 말한다.

① 이월과세되는 경우: 증여한 배우자가 해당 자산을 취득한 날부터 양도일까지 3년 이상의 기간을 말한다.

② 상속받은 자산의 경우
  ㉠ 일반적: 상속개시일로부터 양도일까지 3년 이상의 기간을 말한다.
  ㉡ 가업상속공제가 적용된 비율에 해당하는 자산의 경우: 피상속인이 해당 자산을 취득한 날부터 양도일까지 3년 이상의 기간을 말한다.

취득 유형	보유기간 기산일
상속받은 부동산	1. 원칙: 상속개시일 2. 가업상속공제가 적용된 비율에 해당하는 자산의 경우: 피상속인이 해당 자산을 취득한 날
증여받은 부동산	증여 등기일
재산분할 부동산	이혼 전 배우자의 당초 취득일
이월과세대상 부동산	당초 증여자의 취득일
부당행위계산 대상 부동산	당초 증여자의 취득일
조합원입주권	기존 주택의 취득일

사례 244 상속재산 장기보유특별공제의 보유기간

Q 사망한 부친으로부터 토지를 상속받아 보유해 오던 중 해당 토지를 매각하고자 하는데 장기보유특별공제를 적용받기 위한 보유기간을 계산할 때 언제부터 기산해야 하나요?

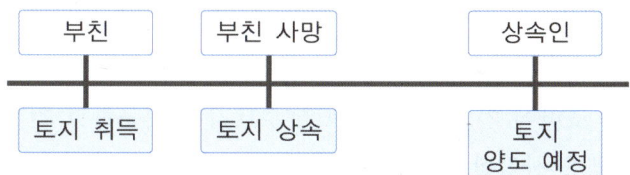

A 상속재산의 장기보유특별공제율 적용시 보유기간의 기산일은 상속개시일로부터 기산한다. 즉, 상속개시일로부터 양도일까지 3년 이상인 경우 장기보유특별공제를 적용한다.

가업상속공제가 적용된 비율에 해당하는 자산의 경우에는 피상속인이 해당 자산을 취득한 날부터 양도일까지 3년 이상인 경우 장기보유특별공제를 적용한다.

> **Tip** 상속재산 보유기간 계산
> 1. 장기보유특별공제: 상속개시일로부터 양도일까지
> 2. 세율적용: 피상속인이 취득한 날부터 양도일까지

사례 245 조합원입주권을 승계취득한 경우

Q 조합원입주권을 승계취득한 경우 장기보유특별공제를 받을 때 보유기간 계산은 어떻게 하나요?

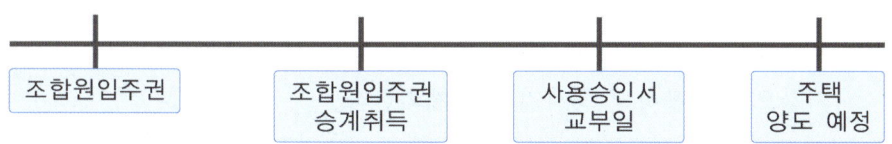

A 조합원입주권을 승계취득한 경우는 부동산을 취득할 수 있는 권리로 보아 장기보유특별공제를 적용하지 않고, 해당 재건축 아파트의 사용승인서 교부일로부터 주택으로 보기 때문에 사용승인서 교부일로부터 양도일까지의 보유기간을 적용하여 장기보유특별공제를 적용받게 된다.

사례 246 조합원입주권에 대한 장기보유특별공제 적용

Q「도시 및 주거환경정비법」에 따른 관리처분 계획인가로 취득한 조합원입주권을 관리처분계획인가 후 양도 시 관리처분계획 인가 후 양도차익에 대하여 장기보유특별공제를 적용하는지요?

A「도시 및 주거환경정비법」에 의한 주택재건축사업을 시행하는 정비사업조합의 조합원이 해당 조합에 기존 건물과 그 부수토지를 제공하고 취득한 조합원입주권의 양도소득금액을 산정할 때 「소득세법」 제95조 제1항에 따른 장기보유특별공제액은 기존건물과 그 부수토지의 관리처분계획인가일까지의 양도차익에 대하여 해당 기존건물과 그 부수토지의 취득일부터 관리처분계획인가일까지의 기간에 해당하는 공제율을 곱하여 계산한 금액을 적용하는 것이다.

사례 247 멸실 후 신축한 1세대 1주택의 장기보유특별공제액 계산

Q 1세대가 양도일 현재 국내에 1주택을 소유하고 있는 경우로서 그 주택이 기존주택을 멸실하고 신축한 주택에 해당하는 경우 장기보유특별공제율 적용을 위한 보유기간은 어떻게 계산하나요?

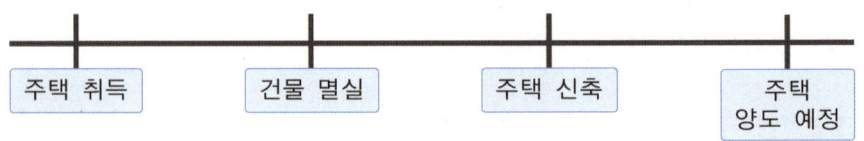

A
1. 건물 부분: 종전주택의 보유기간을 통산하지 않는다.
2. 주택부수 토지 부분: 멸실된 주택의 보유기간과 신축주택의 보유기간을 통산한 기간으로 적용하되 공사기간은 제외한다.

사례 248 용도변경(겸용주택 ⇨ 상가)한 상가 양도시 장기보유특별공제액 계산방법

Q 서울 소재 1주택(겸용주택)을 소유한 1세대가 조합원입주권을 취득하고 그 취득일로부터 3년 이내에 '주택' 부분을 근린생활시설로 용도변경하여 양도한 경우 용도변경한 건물의 양도소득에 대한 장기보유특별공제를 적용함에 있어 보유기간의 기산일이 겸용주택의 취득일인가요 아니면 용도변경일인가요?

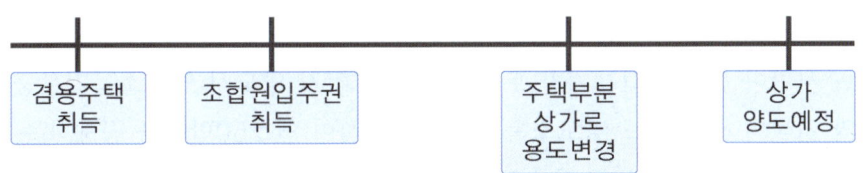

A 조정대상지역의 1주택(겸용주택)을 소유한 1세대가 해당 겸용주택의 취득일로부터 1년 이상이 지난 후에 조합원입주권을 승계취득하고, 그 취득한 날부터 3년 이내에 해당 겸용주택의 주택부분을 상가로 용도 변경하여 양도하는 경우 장기보유특별공제율 적용을 위한 보유기간 기산일은 해당 겸용주택의 취득일이다.

7 양도소득기본공제액

(1) 적용요건

① 미등기 양도자산을 제외한 양도소득세 과세대상인 자산은 보유기간에 관계없이 양도소득기본공제대상이 된다.
② 양도소득이 있는 거주자에 대해서는 양도소득금액 종류별로 해당 과세기간의 양도소득금액에서 각각 연 250만원을 공제한다.

구분		공제액
국내자산 양도소득금액	토지, 건물, 부동산에 관한 권리, 기타자산	연 250만원
	주식 및 출자지분	연 250만원
	파생상품 등의 거래	연 250만원
	신탁 수익권	연 250만원
국외자산 양도소득금액	토지, 건물, 부동산에 관한 권리, 기타자산	연 250만원

사례 249 1과세기간 중 2개 이상의 자산을 양도한 경우

Q〉 동일한 과세기간 중 토지와 건물을 각각 양도한 경우 양도소득기본공제는 어떻게 적용받게 되나요?

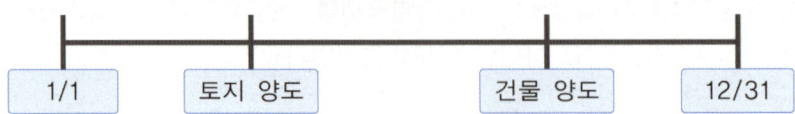

A〉 한 사람이 동일한 과세기간 토지와 건물을 각각 양도시 양도소득기본공제는 토지와 건물의 해당 연도 양도소득금액을 합산하여 연 250만원을 공제하는 것이지 각 양도자산별로 공제되지 않는다.

사례 250 종중의 양도소득기본공제

Q〉 종중의 재산을 양도하는 경우 양도소득기본공제를 받을 수 있나요?

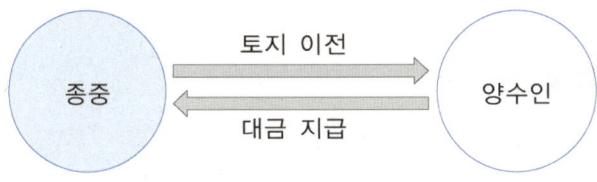

A〉 양도소득기본공제는 양도자별로 동일한 과세기간 중 1회에 한하여 연 250만원을 공제하기 때문에 부동산이 사실상 종중재산인 경우 그 종중을 1거주자로 보아 양도소득세를 과세하기 때문에 양도소득기본공제를 적용받을 수 있다.

(2) 자산을 여러 차례 양도한 경우

양도소득기본공제는 양도소득금액의 구분계산 단위별로 각각 연 250만원을 공제하므로 동일한 구분계산 단위에 해당하는 여러 개의 양도자산이 있는 경우 자산별로 각각 공제하는 것이 아니다.
① 양도소득금액에 감면소득금액이 있는 경우에는 그 감면소득금액 외의 양도소득금액에서 먼저 공제한다.
② 감면소득금액 외의 양도소득금액 중에서는 해당 과세기간에 먼저 양도하는 자산의 양도소득금액에서부터 순서대로 공제한다.

사례 251 세율이 서로 다른 자산을 동시에 양도한 경우

Q 세율이 서로 다른 자산을 동시에 양도한 경우 양도소득기본공제는 어떻게 받을 수 있나요?

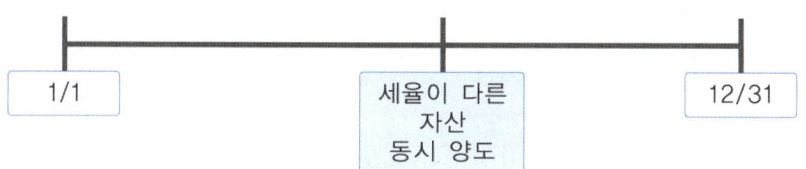

A 세율이 서로 다르게 적용되는 경우로서 어느 부동산을 먼저 양도하였는지의 여부가 불분명한 경우에는 납세자에게 유리하다고 판단되는 양도자산의 양도소득금액에서 부터 순차로 연 250만원을 공제한다.

사례 252 감면율이 다른 자산을 같은 날 양도하는 경우

Q 감면율이 다른 자산을 같은 날 양도하는 경우 양도소득기본공제는 어떻게 받을 수 있나요?

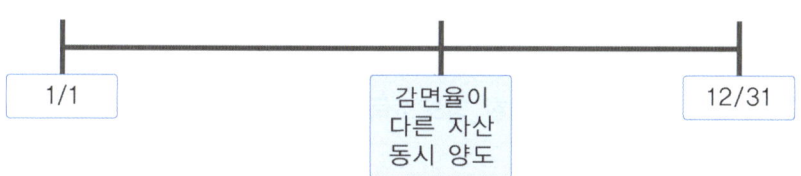

A 감면율이 다른 자산을 같은 날 양도하는 경우 양도소득기본공제는 감면율이 낮은 양도소득금액에서 먼저 공제한다.

(3) 공동소유 자산을 양도한 경우

공동으로 소유하는 자산을 양도하는 경우에는 소유지분별로 안분하여 양도자별로 양도소득세를 신고하기 때문에 공동 소유자 각각 양도소득금액에서 연 250만원의 양도소득기본공제를 받을 수 있다.

8 양도소득 세율

(1) 하나의 자산이 다음에 따른 세율 중 둘 이상의 세율에 해당할 때에는 해당 세율을 적용하여 계산한 양도소득 산출세액 중 큰 것을 그 세액으로 한다.

(2) 한 필지의 토지가 비사업용 토지와 그 외의 토지로 구분되는 경우에는 각각을 별개의 자산으로 보아 양도소득 산출세액을 계산한다.

■ 토지, 건물 및 부동산에 관한 권리(지상권, 전세권, 등기된 부동산임차권, 부동산을 취득할 수 있는 권리)

대상자산			양도소득 세율
미등기 양도자산			100분의 70
등기 양도자산	2년 이상	일반적인 경우	6~45%
		비사업용 토지	16~55%
	1년 이상 2년 미만	일반적인 경우	100분의 40
		비사업용 토지	㉠과 ㉡ 중 큰 세액 ㉠ 100분의 40 ㉡ 16~55%
	1년 미만	일반적인 경우	100분의 50
		비사업용 토지	㉠과 ㉡ 중 큰 세액 ㉠ 100분의 50 ㉡ 16~55%

사례 253 주택의 부수토지에 대한 양도소득세 세율 적용방법

Q 주택과 그 부수토지를 동일 세대원이 아닌 자가 각각 소유하고 있는 경우 그 부수토지 소유자가 토지를 양도할 때 적용하는 세율은?

A 주택과 그 부수토지의 소유자가 별도 세대인 경우로서 그 토지를 양도하는 경우 주택의 부수토지가 아닌 일반 토지로서의 양도소득세 세율을 적용한다.

사례 254 미등기 아파트 당첨권

Q 아파트 당첨권을 등기 없이 양도시 미등기 세율을 적용하나요?

A 아파트 당첨권은 등기 자체가 불가능한 자산이기 때문에 등기 없이 양도하는 경우라도 미등기 자산으로 보지 않고 등기로 인정되어 등기한 것으로 보아 세율을 적용한다.

사례 255 재산분할청구소송 확정판결

Q 재산분할청구소송에 따른 확정판결대로 재산분할하지 않고 양도할 경우 미등기 세율을 적용하나요?

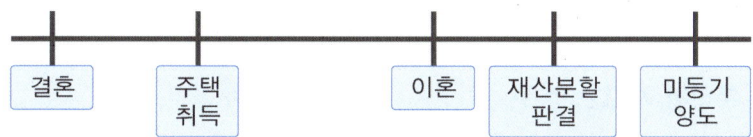

A 甲과 乙이 이혼하면서 재산분할청구소송에 따른 확정판결대로 甲명의 아파트의 소유권을 甲(1/3), 乙(2/3)로 소유권을 이전하지 않고 양도할 경우 미등기 양도자산에 해당한다.

사례 256 권리가 부동산으로 전환

Q 부동산에 관한 권리가 부동산으로 전환된 후 등기하지 않고 양도시 미등기 세율을 적용하나요?

A 부동산에 관한 권리를 취득하고 동 권리가 부동산으로 전환된 후 등기를 하지 아니하고 양도하는 경우에는 미등기 자산에 해당한다.

사례 257 제3자 명의 등기

Q 부동산을 취득하여 본인 앞으로 등기하지 않고 제3자 명의로 등기한 후 양도하는 자산은 미등기 자산에 해당하나요?

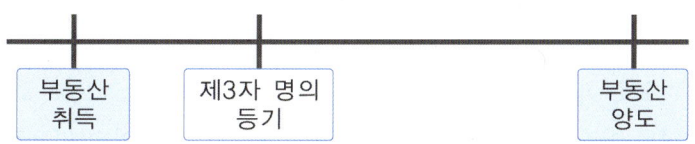

> **A** 개인이 부동산을 취득하여 본인 앞으로 등기하지 않고 제3자 명의로 취득등기를 한 후 양도하는 자산은 「소득세법」에서 규정하는 미등기 양도자산에 해당되지 아니하는 것으로 본다. 즉, 본인 앞으로 등기하지 않고 제3자 명의로 등기한 경우라도 등기 후 양도한 것으로 인정된다.

사례 258 부친이 자경한 경우

> **Q** 부친으로부터 증여받은 농지를 부친이 계속 자경한 경우 비사업용 토지에 해당하나요?

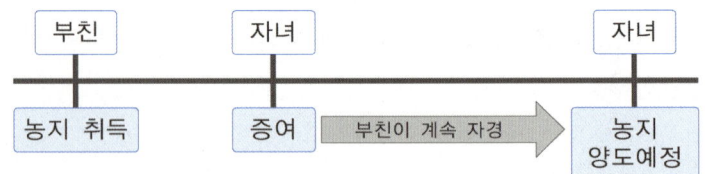

> **A** 부친으로부터 토지를 증여받은 당시부터 현재까지 농지와 동일 또는 연접한 곳에 주민등록 및 자경하였다는 입증이 없어 비사업용 토지에 해당하고, 부친이 재촌 자경하고 있었고 부친을 부양하였다 하여 재촌·자경요건을 충족한다고 할 수 없다.

사례 259 주민등록만 이전하고 재촌·자경하지 아니한 경우

> **Q** 주민등록만 이전하고 재촌·자경하지 아니한 경우 비사업용 토지에 해당하나요?

> **A** 배우자와 함께 토지 위에 있는 농가주택으로 주민등록을 이전하였더라도 재촌·자경하지 아니하였다면 비사업용 토지에 해당한다.

사례 260 농지 취득 후 행정구역이 개편된 곳으로 이사한 경우

> **Q** 행정구역이 개편된 이후 농지의 소재지와 연접한 시·군·구 외의 지역으로 이사하여 거주하는 경우 비사업용 토지에 해당하나요?

> **A** 취득 당시에는 행정구역상으로 연접된 농지(임야 포함)를 취득하여 소유하던 중 행정구역 개편으로 이에 해당하지 아니하게 된 지역은 연접한 것으로 보는 것이나, 행정구역이 개편된 이후 농지의 소재지와 연접한 시·군·구 외의 지역으로 이사하여 거주하는 경우 거주자의 주소지와 해당 농지의 소재지는 연접한 지역에 해당되지 아니한다.

사례 261 일시적인 휴경농지

Q 일시 휴경농지로 선정되어 정부로부터 보상금을 지급받은 경우 비사업용 토지에 해당하나요?

A 재촌·자경하는 농지가 「농어업·농어촌 및 식품산업 기본법」, 「세계무역기구협정의 이행에 관한 특별법」에 따라 일시 휴경농지로 선정되어 정부로부터 보상금을 지급받은 경우 해당 농지의 휴경기간은 비사업용 토지로 보지 아니한다.

사례 262 부득이한 사유로 자경할 수 없는 농지

Q 부득이한 사유로 인하여 자경할 수 없어 임대하는 경우 비사업용 토지에 해당하나요?

A 소유자(영농에 종사한 가족 포함)가 5년 이상 계속 재촌·자경한 농지를 1년 이상의 치료나 요양을 필요로 하는 질병, 고령(65세 이상), 징집, 취학, 선거에 의한 공직 취임 등 그 밖의 부득이한 사유로 인하여 자경할 수 없어 임대하는 경우에는 해당 기간을 비사업용 토지로 보지 아니한다.

사례 263 부부가 공동으로 축산업을 영위하는 경우

Q 남편이 「축산법」 제20조에 따라 축산업자로 등록되어 있고 남편과 부인이 실질적으로 공동으로 축산업을 영위하던 중 부인 소유의 목장용지를 양도하는 경우 비사업용 토지에 해당하나요?

A 남편이 「축산법」 제20조에 따라 축산업자로 등록되어 있고 남편과 부인이 실질적으로 공동으로 축산업을 영위하던 중 부인 소유의 목장용지를 양도하는 경우, 해당 목장용지는 축산업을 경영하는 자가 소유하는 목장용지로 본다.
즉, 부인 소유의 목장용지는 축산업자로 등록은 하지 않았으나 남편과 실질적으로 함께한 사실이 확인되는 경우에는 비사업용 토지로 보지 않는다.

사례 264 모델하우스 등 가설건축물의 비사업용 토지 여부

Q 모델하우스 등 가설건축물에 딸린 토지는 비사업용 토지에 해당하나요?

A 「건축법」 제20조에 따른 가설건축물에 딸린 토지로서 재산세 별도합산 과세대상인 토지는 해당 기간 동안 사업용 토지로 보는 것이며, 가설건축물로서 「건축법」 제20조에 따라 특별자치도지사 또는 시장·군수·구청장에게 허가 또는 신고 등을 하지 아니한 경우에는 건축물로 보지 아니하므로 이에 딸린 토지는 비사업용 토지에 해당된다.

사례 265 주차장운영업용으로 임대하는 토지가 비사업용 토지에 해당하는지 여부

Q 주차장운영업용으로 임대하는 토지가 비사업용 토지에 해당하나요?

A 비사업용 토지로 보지 아니하는 주차장운영업용 토지는 주차장운영업을 영위하는 자가 소유하고, 「주차장법」에 따른 노외주차장으로 사용하는 토지라고 규정하고 있어, 소유 토지를 주차장업을 영위하는 자에게 임대하는 경우에는 비사업용 토지로 본다.

■ 주택(다주택 포함), 조합원입주권 및 분양권

대상자산		주택, 조합원입주권	분양권
미등기 양도자산		100분의 70	-
등기 양도자산	2년 이상	6~45%	100분의 60
	1년 이상 2년 미만	100분의 60	
	1년 미만	100분의 70	100분의 70

참고 8단계 초과누진세율

과세표준	기본세율
1,400만원 이하	과세표준의 6%
1,400만원 초과 5,000만원 이하	84만원 + 1,400만원을 초과하는 금액의 15%
5,000만원 초과 8,800만원 이하	624만원 + 5,000만원을 초과하는 금액의 24%
8,800만원 초과 1억 5천만원 이하	1,536만원 + 8,800만원을 초과하는 금액의 35%
1억 5천만원 초과 3억원 이하	3,706만원 + 1억 5천만원을 초과하는 금액의 38%
3억원 초과 5억원 이하	9,406만원 + 3억원을 초과하는 금액의 40%
5억원 초과 10억원 이하	1억 7,406만원 + 5억원을 초과하는 금액의 42%
10억원 초과	3억 8,406만원 + 10억원을 초과하는 금액의 45%

사례 266 분양권을 2021년 6월 1일 이후 양도하는 경우

Q 비조정대상지역에 있는 2년 이상 보유한 분양권을 2021년 6월 1일 이후 양도하는 경우 양도소득세율은 어떻게 되나요?

A 분양권을 2021년 6월 1일 이후 양도하는 경우, 조정대상지역 또는 비조정대상지역 여부에 상관없이 2년 이상 보유하더라도 100분의 60의 세율을 적용한다.

> ① 1년 미만 보유시: 100분의 70
> ② 1년 이상 보유시: 100분의 60

사례 267 조합원입주권 양도소득세 세율

Q 2024년 8월 3일 매매로 취득한 조합원입주권을 2025년 10월 2일 양도하는 경우 양도소득세 세율은 어떻게 적용하나요?

A 조합원입주권을 보유한 기간이 1년 이상 2년 미만에 해당하므로 양도소득과세표준의 100분의 60의 세율을 적용한다.

(3) 조정대상지역에 있는 주택(2025년 5월 9일까지는 적용배제)

다음의 어느 하나에 해당하는 주택을 양도하는 경우 기본세율에 100분의 20(③ 및 ④의 경우 100분의 30)을 더한 세율을 적용한다. 이 경우 해당 주택 보유기간이 2년 미만인 경우에는 기본세율에 100분의 20(③ 및 ④의 경우 100분의 30)을 더한 세율을 적용하여 계산한 양도소득 산출세액과 기본세율(1년 미만인 경우 100분의 70, 1년 이상 2년 미만인 경우 100분의 60)을 적용하여 계산한 양도소득 산출세액 중 큰 세액을 양도소득 산출세액으로 한다.

① 조정대상지역에 있는 주택으로서 1세대 2주택에 해당하는 주택
② 조정대상지역에 있는 주택으로서 1세대가 주택과 조합원입주권 또는 분양권을 1개 보유한 경우의 해당 주택(대통령령으로 정하는 장기임대주택 등은 제외한다)
③ 조정대상지역에 있는 주택으로서 1세대 3주택 이상에 해당하는 주택
④ 조정대상지역에 있는 주택으로서 1세대가 주택과 조합원입주권 또는 분양권을 보유한 경우로서 그 수의 합이 3 이상인 경우의 해당 주택(대통령령으로 정하는 장기임대주택 등은 제외한다)

> **참고** 양도소득세가 중과 제외되는 1세대 2주택에 해당하는 주택의 범위

1. 「수도권정비계획법」에 따른 수도권 및 광역시·특별자치시(광역시에 소속된 군, 「지방자치법」에 따른 읍·면 및 「세종특별자치시 설치 등에 관한 특별법」에 따른 읍·면에 해당하는 지역을 제외한다) 외의 지역에 소재하는 주택으로서 해당 주택 및 이에 부수되는 토지의 기준시가의 합계액이 해당 주택 또는 그 밖의 주택의 양도 당시 3억원을 초과하지 아니하는 주택

2. 종업원(사용자의 「국세기본법 시행령」에 따른 특수관계인을 제외)에게 무상으로 제공하는 사용자 소유의 주택으로서 당해 무상제공기간이 10년 이상인 주택(장기사원용주택)

3. 상속받은 주택(상속받은 날부터 5년이 경과하지 아니한 경우에 한정한다)

4. 저당권의 실행으로 인하여 취득하거나 채권변제를 대신하여 취득한 주택으로서 취득일부터 3년이 경과하지 아니한 주택

5. 1세대의 구성원이 「영유아보육법」에 따라 인가를 받고 사업자등록을 한 후 5년 이상 가정어린이집으로 사용하고, 가정어린이집으로 사용하지 아니하게 된 날부터 6월이 경과하지 아니한 주택

6. 1세대의 구성원 중 일부가 취학, 근무상의 형편, 질병의 요양, 그 밖에 부득이한 사유로 인하여 다른 시·군으로 주거를 이전하기 위하여 1주택(학교의 소재지, 직장의 소재지 또는 질병을 치료·요양하는 장소와 같은 시·군에 소재하는 주택으로서 취득 당시 기준시가의 합계액이 3억원을 초과하지 아니하는 것에 한정한다)을 취득함으로써 1세대 2주택이 된 경우의 해당 주택(취득 후 1년 이상 거주하고 해당 사유가 해소된 날부터 3년이 경과하지 아니한 경우에 한정한다)

7. 취학, 근무상의 형편, 질병의 요양, 그 밖에 부득이한 사유로 취득한 수도권 밖에 소재하는 주택과 그 밖의 주택(일반주택)을 국내에 각각 1개씩 소유하고 있는 1세대가 부득이한 사유가 해소된 날부터 3년 이내에 양도하는 일반주택

8. 1주택을 소유하고 1세대를 구성하는 사람이 1주택을 소유하고 있는 60세 이상의 직계존속(배우자의 직계존속을 포함하며, 직계존속 중 어느 한 사람이 60세 미만인 경우를 포함한다)을 동거봉양하기 위하여 세대를 합침으로써 1세대가 2주택을 소유하게 되는 경우의 해당 주택(세대를 합친 날부터 10년이 경과하지 아니한 경우에 한정한다)

9. 1주택을 소유하는 사람이 1주택을 소유하는 다른 사람과 혼인함으로써 1세대가 2주택을 소유하게 되는 경우의 해당 주택(혼인한 날부터 5년이 경과하지 아니한 경우에 한정)

10. 주택의 소유권에 관한 소송이 진행 중이거나 해당 소송결과로 취득한 주택(소송으로 인한 확정판결일부터 3년이 경과하지 아니한 경우에 한정한다)

11. 1주택을 소유한 1세대가 그 주택을 양도하기 전에 다른 주택을 취득(자기가 건설하여 취득한 경우를 포함한다)함으로써 일시적으로 2주택을 소유하게 되는 경우의 종전의 주택(다른 주택을 취득한 날부터 3년이 지나지 아니한 경우에 한정한다)

12. 주택의 양도 당시 기준시가가 1억원 이하인 주택

사례 268 2주택 양도소득세 중과세율 적용

Q 조정대상지역에 있는 종전주택의 취득일로부터 1년이 되기 전에 신규주택을 취득하고, 다시 그 날부터 3년 내 종전주택을 양도하는 경우 2주택 중과세율(기본세율에 100분의 20을 더한 세율을 적용)을 적용하나요?

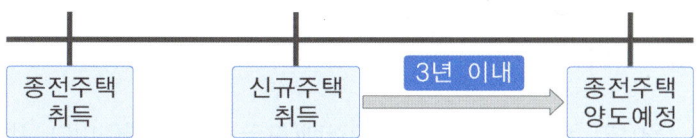

A 종전주택을 취득한 후 1년이 되기 전 신규주택을 취득한 경우 일시적 2주택에 따른 1세대 1주택 비과세 대상은 아니나, 신규주택 취득일부터 3년 이내 종전주택을 양도하는 경우에는 중과세율을 적용하지 아니한다.

사례 269 조정대상지역의 공고가 있는 날(2018년 9월 13일) 이전에 매매계약 체결

Q 1주택을 보유한 1세대가 2018년 9월 13일 이전에 조정대상지역에 있는 분양권을 남편 명의로 취득하고, 2018년 9월 14일 이후 배우자에게 증여하여 완공 후, 장기일반민간임대주택으로 등록하고 임대주택요건을 충족한 후 양도하는 경우 중과세율을 적용하나요?

A 1주택을 보유한 1세대가 새로 취득한 조정대상지역의 임대주택은 중과세율을 적용하나, 2018년 9월 13일 이전에 취득계약하고 계약금을 지급한 임대주택은 중과세율을 적용하지 아니한다.
다만, 2018년 9월 13일 이전 취득계약 및 계약금 지급 여부는 당초 남편 명의의 계약 당시를 기준으로 판단하기 때문에 2018년 9월 14일 이후 배우자에게 증여하여 완공 후 양도하는 경우라도 중과세율을 적용하지 아니한다.

(4) 세율 적용시 보유기간의 계산
① 일반적인 경우: 그 자산의 취득일부터 양도일까지로 한다.
② 상속받은 자산의 보유기간: 취득일이 상속개시일 임에도 불구하고 세율적용에 있어서는 피상속인이 그 자산을 취득한 날로부터 양도일까지로 한다.

③ 배우자 또는 직계존비속으로부터 증여받은 자산에 대한 이월과세의 경우: 일반적으로 증여받은 자산은 증여등기일부터 양도일까지의 보유기간으로 하는데, 이월과세에 해당하는 경우 보유기간은 증여자가 그 자산을 취득한 날로부터 양도한 날까지로 한다.

사례 270 세율 적용시 보유기간

Q. 2021년 1월 1일 현재 조정대상지역 2주택(모두 등기됨)자입니다. 1번 주택은 2016년 8월 취득하였으며 2번 주택은 2018년 1월에 취득하였습니다. 2023년 3월에 2번 주택을 양도한 후 2024년 10월에 1번 주택을 양도하는 경우 양도소득세가 과세될 때 세율을 적용하는 보유기간의 기산일을 언제부터 적용하나요?

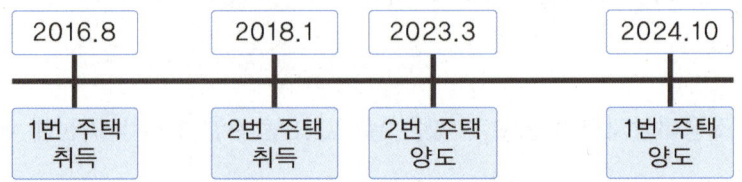

A. 세율 적용시 보유기간 계산은 해당 주택 취득일부터 양도일까지로 계산한다. 2번 주택을 먼저 양도한 후 1번 주택을 양도하더라도 보유기간은 1번 주택 취득일(2016년 8월)을 기산일로 한다.

사례 271 분양잔금 미납상태에서 양도

Q. 부동산의 분양계약을 체결한 자가 분양계약에 따라 해당 아파트가 완공되어 분양회사 명의로 소유권보존등기된 아파트를 분양잔금 미납상태에서 양도하는 경우 어떻게 처리하나요?

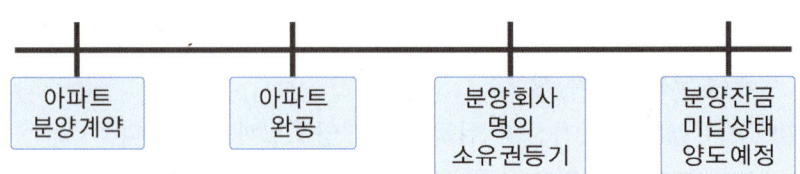

A 부동산의 분양계약을 체결한 자가 분양계약에 따라 해당 아파트가 완공되어 분양회사 명의로 소유권보존등기된 아파트를 분양잔금 미납상태에서 양도하는 경우에는 부동산을 취득시기가 도래하지 않은 상태에서 양도하는 경우, 부동산을 취득할 수 있는 권리의 양도로 본다.

사례 272 조합원입주권 취득한 경우

Q 조합원입주권을 취득한 후 완공된 신축주택을 양도하는 경우 양도소득세 세율의 기준이 되는 자산의 보유기간은 어떻게 계산하나요?

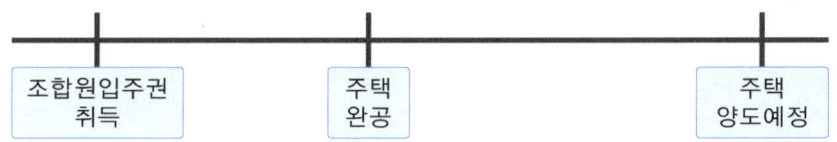

A 조합원입주권을 양수한 양수인이 그 후 완공된 신축주택 소유권을 취득하여 양도하는 경우에 양도되는 자산은 완공된 후의 신축주택이므로 조합원입주권 취득일이 아닌 신축주택 취득일부터 양도일까지의 보유기간을 적용한다.

> **Tip** ▶ 재개발·재건축 주택의 장기보유특별공제 계산시 보유기간
> 1. 청산금 납부분 양도차익: 관리처분인가일부터 양도일까지
> 2. 기존건물분 양도차익: 기존건물과 그 부수토지의 취득일부터 양도일까지
> 3. 승계조합원: 사용승인서 교부일부터 양도일까지

사례 273 사인증여의 경우

Q 상속인에 해당되지 않는 자가 사인증여로 취득한 자산의 경우 양도소득세 세율 적용시 보유기간을 피상속인이 취득한 날로부터 기산하는 것을 인정하나요?

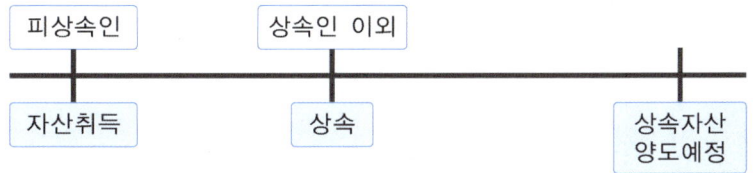

A 「민법」제1000조 내지 제1005조의 규정에 따른 상속인에 해당되지 않는 자가 사인증여로 취득한 자산의 경우 양도소득세 세율 적용시 보유기간을 피상속인이 자산을 취득한 날부터 기산하는 규정을 적용하지 않는다.

사례 274 유증에 의하는 경우

Q 상속인이 유증에 의해 자산을 취득한 경우 양도소득세 세율 적용시 보유기간을 피상속인이 취득한 날로부터 기산하는 것을 인정하나요?

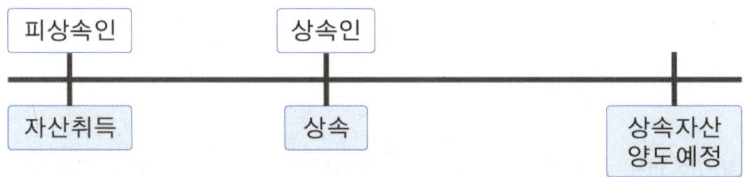

A 양도소득세의 세율을 적용함에 있어「민법」제1000조 내지 제1005조 규정에 따른 법정상속인이「민법」제1073조 및 제1074조 규정에 의한 유증에 의해 취득한 부동산을 양도하는 경우 양도소득세 세율 적용시 보유기간은 피상속인이 자산을 취득한 날부터 기산하는 규정을 적용할 수 있다.

사례 275 재차상속의 경우

Q 재차상속의 경우 양도소득세의 세율 적용시 보유기간은 어떻게 계산하나요?

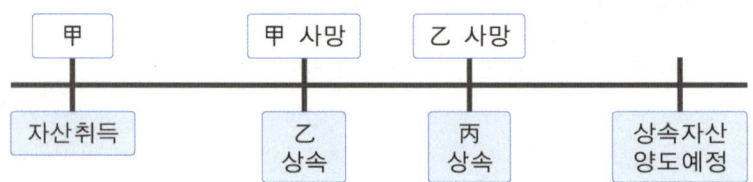

A 상속받은 자산의 양도소득세의 세율 적용시 보유기간의 계산은 피상속인이 자산을 취득한 날부터 기산하는데 재차상속의 경우는 직전 피상속인이 그 자산을 취득한 날부터 상속인이 해당 자산을 양도한 날까지의 기간으로 하는 것이다.

사례 276   잔금의 일부를 납부하지 않고 양도한 자산

Q 아파트 분양대금의 불입금액 전부를 납부하지 않았으나, 사회통념상 거의 지급되었다고 볼만한 정도이고 미불입된 분양대금을 불입하게 되면 언제든지 등기가 가능한 사실이 확인되는 경우 미등기 양도에 해당하나요?

A 아파트 분양대금의 불입금액 전부를 납부하지 않았으나, 사회통념상 거의 지급되었다고 볼만한 정도이고 미불입된 분양대금을 불입하게 되면 언제든지 등기가 가능한 사실이 확인되는 경우에는 미등기 양도자산에 해당된다.

사례 277   준공된 재건축아파트를 이전고시 전에 양도하는 경우

Q 준공된 재건축아파트를 이전고시 전에 양도하는 경우 미등기 양도에 해당하나요?

A 준공된 재건축아파트를 이전고시 전에 양도하는 경우에는 법률의 규정 또는 법원의 결정에 의하여 양도 당시 그 자산의 취득에 관한 등기가 불가능한 자산에 해당하므로 미등기 양도자산으로 보지 아니한다.

사례 278   신축건물의 사용승인 전에 사실상 사용 중인 건물을 양도하는 경우

Q 신축건물의 사용승인 전에 사실상 사용하거나 임시사용승인을 받은 상태로 건물을 양도하는 경우 미등기 양도에 해당하나요?

A 신축건물의 사용승인 전에 사실상 사용하거나 임시사용승인을 받은 상태로 건물을 양도하는 경우에는 그 자산의 취득에 관한 등기가 불가능한 자산에 해당하여 미등기 양도자산으로 보지 아니한다.

사례 279   배우자로부터 증여받은 주택 이혼 후 양도하는 경우 이월과세 적용 여부

Q 이혼 전 배우자로부터 증여받은 주택(배우자로부터 증여받을 당시 이미 1세대 1주택 요건을 충족한 경우)을 10년 내 양도할 때, 배우자 이월과세를 적용하는지요?

A 거주자가 양도일부터 소급하여 10년 이내 그 배우자(양도 당시 이혼으로 혼인관계가 소멸된 경우 포함)로부터 증여받은 자산을 양도하는 경우 취득가액은 그 배우자의 취득 당시 금액으로 하고, 그 배우자의 보유기간을 통산하는 것이다.

이 경우 증여일 현재 「소득세법」에 따른 1세대 1주택에 해당하는 주택을 배우자로부터 증여받아 이혼 후 양도하는 경우에는 배우자로부터 증여받을 당시 이미 1세대 1주택 요건을 충족한 경우이기 때문에 이월과세를 배제하지 않는다.

배우자 등에 대한 이월과세 규정은 거주자가 직접 양도하는 경우 발생하는 고액의 양도차익에 대한 세부담을 회피하기 위하여 배우자에게 증여(증여재산공제 6억원)한 후 양도하는 방법을 악용하는 것을 방지하기 위해 신설되었으며, 증여받을 당시 혼인관계가 있었던 경우에는 양도 당시 혼인관계가 소멸된 경우에도 원칙적으로 해당 규정을 적용하는 것이다.

이월과세를 적용하는 경우 세율적용 및 장기보유특별공제액 적용을 위한 주택 보유기간은 증여자가 해당 자산을 취득한 날부터 기산하는 것이나 이월과세를 적용하는 경우 오히려 보유기간이 길어져 1세대 1주택 요건을 충족하게 되는 경우에는 이월과세 적용을 배제하도록 규정하였다.

다만, 이월과세를 배제하는 규정은 이월과세 적용을 통해 비로소 1세대 1주택을 적용받게 되는 경우 이를 배제하도록 하는 규정으로 주택을 증여할 당시 1세대 1주택 요건을 충족하였기 때문에 이월과세 적용을 통해 새롭게 1세대 1주택을 적용받게 되는 것이 아니므로 배우자로부터 증여받을 당시 이미 1세대 1주택 요건을 충족한 경우에는 이월과세를 배제하지 않는다(기획재정부 재산세제과-333, 2014. 4. 24.).

제 4 절 납세절차

1 납세지

(1) 거주자의 양도소득세 납세지는 양도자의 주소지 관할 세무서로 한다. 다만, 주소지가 없는 경우에는 그 거소지 관할 세무서로 한다.
(2) 주소지가 둘 이상인 때에는 「주민등록법」에 의하여 등록된 곳을 납세지로 하고, 거소지가 둘 이상인 때에는 생활관계가 보다 밀접한 곳을 납세지로 한다.
(3) 비거주자의 양도소득세 납세지는 「소득세법」에 따른 국내사업장(국내사업장이 둘 이상 있는 경우에는 주된 국내사업장)의 소재지로 한다. 다만, 국내사업장이 없는 경우에는 국내 원천소득이 발생하는 장소로 한다.
(4) 국내에 2이상의 사업장이 있는 비거주자의 경우 그 주된 사업장을 판단하기가 곤란한 때에는 당해 비거주자가 납세지로 신고한 장소를 납세지로 한다.

2 예정신고납부(예정신고납부세액공제 없음)

양도소득세 과세대상 자산을 양도한 자는 양도소득 과세표준을 예정신고하여야 한다. 이 경우 양도차익이 없거나 양도차손이 발생한 경우에도 신고는 하여야 한다. 확정신고 전이라도 예정신고기한 내에 예정신고하는 경우에는 예정신고로 납세의무가 종결된다.

(1) 부동산 등 양도

과세대상이 되는 부동산(토지·건물·부동산에 관한 권리·기타자산의 양도소득) 등을 양도하였을 때 그 양도소득과세표준을 양도일이 속하는 달의 말일부터 2개월 이내에 납세지 관할 세무서장에게 예정신고를 하여야 한다.

(2) 허가대상 부동산 양도

「부동산 거래신고 등에 관한 법률」에 따른 토지거래계약에 관한 허가구역에 있는 토지를 양도할 때 토지거래계약허가를 받기 전에 사실상 잔금이 청산된 경우는 그 양도소득과세표준을 허가일(토지거래계약 허가를 받기 전에 허가구역의 지정이 해제된 경우에는 그 해제일을 말한다)이 속하는 달의 말일부터 2개월 이내에 납세지 관할 세무서장에게 예정신고를 하여야 한다.

(3) 부담부증여 양도

부담부증여의 채무액에 해당하는 부분으로서 양도로 보는 경우에는 그 양도일이 속하는 달의 말일부터 3개월 이내에 관할 세무서장에게 예정신고를 하여야 한다.

사례 280 과세기간 개시 전 신고가 무신고에 해당하는지 여부

Q 납세의무자가 신고한 양도소득세의 귀속연도가 과세관청이 판단하는 귀속연도 전인 경우 납세의무 성립 전에 신고된 해당 신고가 무신고에 해당하는지요?

A 해당 신고가 「소득세법」에서 정하는 과세표준 신고기간 전에 이루어졌고 법에서 정하는 귀속연도가 아니라면, 해당 신고는 세법에서 확정력을 부여하는 신고로 볼 수 없으므로 무신고로 봄이 타당하다.

(4) 예정신고납부를 불이행한 경우

부동산 등을 양도한 후 예정신고기한 내에 예정신고납부를 하지 않는 경우에는 다음에 해당하는 가산세를 부과한다.

① 무신고가산세: 납세자가 예정신고기한 내에 과세표준신고서를 제출하지 아니한 경우에는 무신고납부세액의 100분의 20에 상당하는 금액을 납부할 세액에 가산하거나 환급받을 세액에서 공제한다.

② 부당무신고가산세: 부당한 방법으로 무신고한 과세표준이 있는 경우에는 과세표준 중 부당한 방법으로 무신고한 과세표준에 상당하는 금액이 과세표준에서 차지하는 비율을 무신고납부세액에 곱하여 계산한 금액의 100분의 40에 상당하는 금액을 납부할 세액에 가산하거나 환급받을 세액에서 공제한다.

③ 과소신고가산세: 납세자가 예정신고기한 내에 과세표준신고서를 제출한 경우로서 신고한 과세표준이 신고하여야 할 과세표준에 미달한 경우에는 과소신고한 과세표준 상당액이 과세표준에서 차지하는 비율을 산출세액에 곱하여 계산한 금액의 100분의 10에 상당하는 금액을 납부할 세액에 가산하거나 환급받을 세액에서 공제한다.

④ 부당과소신고가산세: 부당한 방법으로 과소신고한 과세표준이 있는 경우에는 과세표준 중 부당한 방법으로 과소신고한 과세표준에 상당하는 금액이 과세표준에서 차지하는 비율을 산출세액에 곱하여 계산한 금액의 100분의 40에 상당하는 금액을 납부할 세액에 가산하거나 환급받을 세액에서 공제한다.

사례 281 부동산 양도 후 양도자가 예정신고기한 이전에 사망한 경우

Q 토지를 양도 후 양도자가 예정신고기한 이전에 사망한 경우 상속인이 피상속인의 양도소득세 예정신고는 어떻게 하여야 하나요?

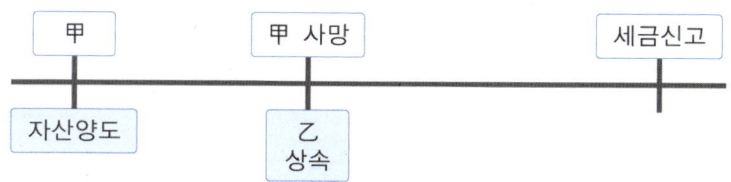

A 피상속인이 토지를 양도하고 예정신고기한 이전에 사망한 경우 그 상속인은 상속개시일이 속하는 달의 말일부터 6개월이 되는 날까지 사망일이 속하는 과세기간에 대한 양도소득세 예정신고를 하여야 한다. 이때 납세의무자는 피상속인이 아닌 상속인이 납세의무자가 된다. 이 경우 상속인은 피상속인의 양도소득금액과 상속인의 양도소득금액을 구분하여 신고를 하여야 한다.

사례 282 토지거래허가지역 내의 토지를 양도하는 경우 양도시기

Q 甲은「국토의 계획 및 이용에 관한 법률」의 규정에 의한 토지거래계약에 관한 허가구역의 토지에 대하여 2024년 1월 30일 乙과 매매계약을 체결하고 2024년 2월 28일 매매대금을 모두 수령하며 2024년 5월 30일 토지거래계약허가를 받는 경우 양도시기는 언제가 되나요?

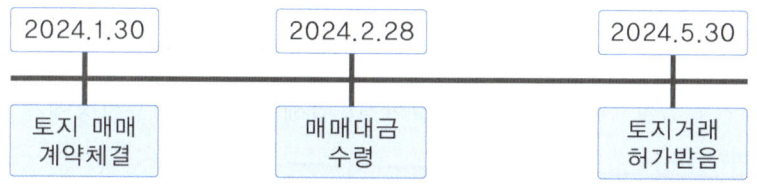

A 「국토의 계획 및 이용에 관한 법률」에 따른 토지거래허가지역 내의 토지매매계약은 허가를 받을 때까지는 미완성의 법률행위로서 효력이 발생되지 아니하지만, 허가를 받으면 소급하여 유효한 계약이 되므로 그 양도시기는 잔금청산한 날(2024년 2월 28일)이다.

사례 **283** 잔금청산 후 허가받기 전에 예정신고한 경우

Q 잔금청산 후 허가받기 전에 예정신고한 경우 그대로 예정신고 효력을 인정하나요?

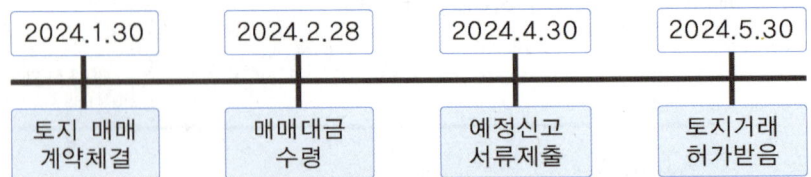

A
1. 허가를 받기 전에 이행한 양도소득세 과세표준 예정신고는 대금청산 후 허가를 받은 경우에는 그 효력이 인정되는 것이다.
2. 토지거래계약허가구역 안의 토지를 양도하고 토지거래허가 전 대금을 청산한 후 양도소득세 예정신고납부한 경우로서 이후 토지거래허가를 받았거나 토지거래허가구역 지정이 해제된 경우에는 당초 예정신고납부는 소급적으로 유효하므로 해당 납부세액에 대해서 환급을 청구할 수 없다.
3. 토지거래허가를 받지 못한 경우에는 당초 신고납부한 세액에 대하여 환급을 청구할 수 있는 것이다.

3 확정신고

(1) 확정신고기간

① 양도소득이 발생한 과세기간의 다음 연도 5월 1일부터 5월 31일까지[거래계약허가구역 안에 있는 토지를 양도함에 있어서 토지거래계약허가를 받기 전에 대금을 청산한 경우에는 토지의 거래계약에 관한 허가일이 속하는 과세기간의 다음 연도 5월 1일부터 5월 31일까지] 납세지 관할 세무서장에게 확정신고를 하여야 한다.
② 해당 과세기간의 과세표준이 없거나 결손금액이 있는 때에도 확정신고를 하여야 한다.
③ 예정신고를 이행한 경우에는 확정신고를 생략할 수 있으나, 다음의 경우에는 예정신고를 이행한 경우라도 확정신고를 이행하여야 한다.

㉠ 당해 연도에 누진세율의 적용대상 자산에 대한 예정신고를 2회 이상 한 자가 이미 신고한 양도소득금액과 합산하여 신고하지 아니한 경우

> 예정신고 산출세액 = [(이미 신고한 양도소득금액 + 제2회 이후 신고하는 양도소득금액 − 양도소득기본공제액) × 세율] − 이미 신고한 예정신고 산출세액

㉡ 토지·건물·부동산에 관한 권리 및 기타자산을 둘 이상 양도하여 양도소득기본공제의 적용으로 인하여 당초 신고한 양도소득산출세액이 달라지는 경우

(2) 확정신고 불이행시 가산세

① 일반무신고가산세: 납세자가 법정신고기한 내에 과세표준신고서를 제출하지 아니한 경우에는 무신고납부세액의 100분의 20에 상당하는 금액을 납부할 세액에 가산하거나 환급받을 세액에서 공제한다.

② 부당무신고가산세: 부당한 방법으로 무신고한 과세표준이 있는 경우에는 과세표준 중 부당한 방법으로 무신고한 과세표준에 상당하는 금액이 과세표준에서 차지하는 비율을 무신고납부세액에 곱하여 계산한 금액의 100분의 40에 상당하는 금액을 납부할 세액에 가산하거나 환급받을 세액에서 공제한다.

③ 일반과소신고가산세: 납세자가 법정신고 기한 내에 과세표준신고서를 제출한 경우로서 신고한 과세표준이 신고하여야 할 과세표준에 미달한 경우에는 과소신고한 과세표준 상당액이 과세표준에서 차지하는 비율을 산출세액에 곱하여 계산한 금액의 100분의 10에 상당하는 금액을 납부할 세액에 가산하거나 환급받을 세액에서 공제한다.

Tip ▶ 부담부증여의 양도소득세 과세표준을 과소신고한 경우 과소신고가산세 적용을 제외한다.

④ 부당과소신고가산세: 부당한 방법으로 과소신고한 과세표준이 있는 경우에는 과세표준 중 부당한 방법으로 과소신고한 과세표준에 상당하는 금액이 과세표준에서 차지하는 비율을 산출세액에 곱하여 계산한 금액의 100분의 40에 상당하는 금액을 납부할 세액에 가산하거나 환급받을 세액에서 공제한다.

⑤ 감정가액 또는 환산취득가액 적용에 따른 가산세: 거주자가 건물을 신축 또는 증축(증축의 경우 바닥면적 합계가 $85m^2$를 초과하는 경우에 한정한다)하고 그 건물의 취득일 또는 증축일로부터 5년 이내에 해당 건물을 양도하는 경우로서 감정가액 또는 환산취득가액을 그 취득가액으로 하는 경우에는 해당 건물의 감정가액(증축의 경우 증축한 부분에 한한다) 또는 환산취득가액(증축의 경우 증축한 부분에 한한다)의 100분의 5에 해당하는 금액을 양도소득 결정세액에 더한다.

사례 **284** 예정신고를 아니한 경우 확정신고기한 전에 결정고지한 경우

Q 양도소득세 예정신고를 아니한 경우 확정신고기한 전에 예정신고분에 대한 세액을 과세관청이 결정고지할 수 있나요?

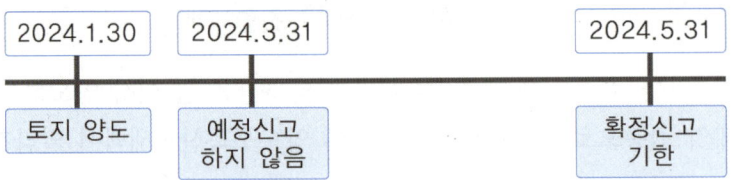

A 양도소득 과세표준 예정신고를 하지 아니한 경우 확정신고기한 전이라도 납세지 관할 세무서장은 예정신고분 양도소득세 과세표준과 세액을 결정하여 고지할 수 있다.

사례 **285** 예정신고의 징수처분 효력 소멸 여부

Q 양도소득세 예정신고한 후 같은 내용으로 확정신고를 한 경우 예정신고 징수처분 효력이 소멸되나요?

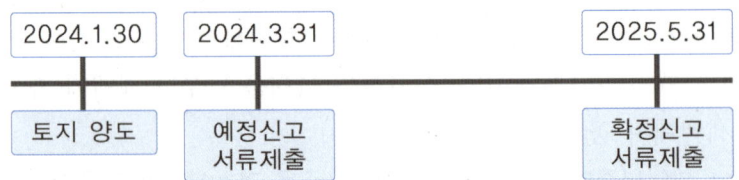

A 양도소득세 납세의무자가 예정신고를 한 후 그와 같은 내용으로 확정신고를 한 경우 예정신고에 의하여 잠정적으로 확정된 과세표준과 세액은 확정신고에 의하여 종국적으로 확정된 과세표준과 세액에 흡수되어 소멸하는 것이 아니라 그대로 유지되므로 예정신고를 기초로 한 징수 처분 역시 그 효력이 소멸되지 않는다.

사례 286 관할 세무서장 외에 신고서를 제출

Q 서울 양천구에 거주하는 甲이 주택을 양도하고 양천세무서에 제출할 양도소득세 신고서류를 종로세무서에 제출한 경우 양도소득세 신고로 인정해 주나요?

A 서울 양천구에 거주하는 甲이 주택을 양도한 경우 양도소득세 과세표준 신고서를 양천세무서에 제출하여야 하는데 종로세무서에 양도소득세 신고서류를 제출한 경우에도 그 신고의 효력에는 영향이 없다.

사례 287 미등기 양도자가 전 소유자 명의로 신고·납부한 세액 환급 여부

Q 미등기 양도자가 전 소유자 명의로 양도소득세를 수정신고·납부한 세액이 있는 경우 이를 환급받을 수 있나요?

A 미등기 양도자가 본인의 양도소득을 전 소유자 명의로 수정신고하고 납부하였음이 확인되어 미등기 양도자에게 양도소득세를 과세함에 있어, 전 소유자의 양도소득세를 경정함에 따라 발생되는 환급세액은 전 소유자에게 환급하지 아니하고 미등기 양도자산의 기납부세액으로 공제하는 것이다.

사례 288 과세기간 개시 전에 양도소득세 과세표준 신고를 한 경우

Q 납세의무자는 토지를 2024년 7월 19일 양도하고 2024년 9월 20일 양도소득세 예정신고서를 제출하였으나, 관할 세무서에는 잔금청산일인 2025년 2월 28일을 양도일자로 보아 양도소득세를 결정하였습니다. 납세의무자가 신고한 양도소득세의 귀속 연도(2024년)가 과세관청이 판단하는 귀속 연도(2025년) 전인 경우 납세의무 성립 전에 신고된 해당 신고가 무신고에 해당하는지요?

A 납세의무자가 신고한 양도소득세의 귀속 연도(2024년)가 과세관청이 판단하는 귀속 연도(2025년) 전인 경우 납세의무 성립 전에 신고된 해당 신고는 무신고에 해당한다. 즉, 귀속시기에 따라 세율이 달리 적용될 수 있기 때문에 귀속시기를 달리 하여 신고하는 경우는 무신고에 해당하게 된다.

사례 289 부동산 중개보수를 일부만 지급받은 경우 현금영수증 발급 대상인지 여부

Q 부동산 매매를 중개하고 중개보수를 일부만 지급받았습니다. 부동산 중개보수를 일부만 지급받은 경우 현금영수증 발급 대상인가요?

A 현금영수증은 현금을 지급받는 때에 발급하는 것이며, 거래대금을 나누어서 지급받는 때마다 각각 발급한다.

> **Tip** 현금영수증 발급 거부 신고시 포상금 지급 여부
> 현금영수증 발급을 거부하는 경우나 현금영수증을 사실과 다르게 발급하는 행위를 한 현금영수증가맹점(「조세특례제한법」제126조의3 제1항에 따른 현금영수증가맹점을 말한다)을 신고한 자에게도 포상금을 지급한다. 다만, 현금영수증 발급 대상 거래금액이 5천원 미만인 경우는 제외한다.

4 분할납부

거주자로서 자산양도차익 예정신고납부 또는 확정신고납부할 세액이 1천만원을 초과하는 경우 납부기한이 지난 후 2개월 이내에 다음과 같이 분할납부할 수 있다.

구분	분할납부 세액
납부할 세액이 2천만원 이하인 경우	1천만원을 초과하는 금액
납부할 세액이 2천만원 초과하는 경우	그 세액의 100분의 50 이하의 금액

5 전자신고 세액공제

납세자가 직접 「국세기본법」제5조의2에 따른 전자신고(2021년 1월 1일 이후 전자신고하는 분부터 적용)의 방법으로 양도소득세 과세표준신고를 하는 경우에는 해당 납부세액에서 건당 2만원을 공제한다. 이 경우 납부할 세액이 음수인 경우에는 이를 없는 것으로 한다.

사례 290 해외부동산 양도차손 통산여부

Q 해외부동산을 취득금액보다 낮게 양도하여 양도차손이 발생한 경우 다른 국내부동산 양도차익과 통산하여 양도소득세를 신고할 수 있는지요?

A 국외자산과 국내자산의 양도소득은 합산하지 아니하므로 양도차손 또한 국내자산 양도소득금액과 통산할 수 없다. 다만, 국외자산의 양도소득 과세표준 계산에 있어 국내자산의 양도소득 과세표준 계산 규정을 준용하도록 하고 있어 국외부동산에서 양도차손이 발생한 경우 다른 국외부동산의 양도차익에서만 통산이 가능하게 된다.

2025
메가랜드
부동산
양도소득세

발행일 2024년 10월 5일 **초판 1쇄**

편 저 이송원, 메가랜드 부동산교육연구소

발행인 윤용국

발행처 메가랜드(주)
등 록 제2018-000177호(2018.9.7.)
주 소 (06657) 서울특별시 서초구 반포대로 81
전 화 1833 - 3329
팩 스 02 - 6918 - 3792

정 가 16,000원
ISBN 979-11-6601-483-3

잘못 만들어진 책은 구입하신 서점에서 교환해 드립니다.
본 책의 내용은 사전고지 없이 변경될 수 있습니다.

Copyright ⓒ 2025 메가랜드(주)

메가랜드(주)는 초·중·고, 성인 입시 1등 교육 전문 브랜드 메가스터디가 설립한 부동산 교육 전문 기관입니다. 이 책은 저작권법에 따라 보호받는 저작물이므로 무단전재와 무단복제를 금지하며 책 내용의 전부 또는 일부를 이용하려면 반드시 메가랜드(주)의 서면동의를 받아야 합니다.